Hefe macht den Kuchen locker –

vorausgesetzt, man läßt den Teig eine Weile in Ruhe. Dann aber ist er bereit für unglaublich viele Zubereitungsarten: zum Beispiel als süßer Zopf oder leckeres Kleingebäck, als herzhafte Pizza oder mit Gemüse gefüllt. Lassen Sie sich überraschen, wie leicht Hefeteig nach den folgenden Rezepten gelingt – und wie köstlich alles schmeckt. Denn frisch gebacken und aus dem eigenen Ofen serviert, sind Hefekuchen einfach unübertrefflich!

Die Farbfotos gestalteten Odette Teubner und Kerstin Mosny.

INHALT

Kein Hefekuchen ohne Hefe

Hefe, das sind eigentlich ganz viele winzige Pilze, die nur unter ganz bestimmten, günstigen Bedingungen ihre Arbeit aufnehmen. Diese Arbeit besteht darin, den Teig locker zu machen. Dazu wandelt die Hefe Zucker beziehungsweise Stärke in Kohlendioxyd und Alkohol um. Die Kohlendioxydbläschen dehnen sich bei einer bestimmten Temperatur aus, der Teig »geht«. Der Alkohol verdampft, was dieses »Gehen« noch weiter unterstützt.
Je länger Sie also den Teig ruhen lassen, je mehr Zeit er zum »Gehen« hat, desto lockerer wird das Gebäck oder der Kuchen. Sie können deshalb die in den Rezepten angegebenen Ruhezeiten durchaus bis zur doppelten Zeit verlängern (wenn Sie so viel Zeit haben…).

Hefe gibt es in Form von sogenannter Preßhefe in Würfeln zu 42 g oder auch als Trockenhefe in Tütchen verpackt.
In einem Tütchen befinden sich 7 g Hefe, das entspricht ungefähr einem halben Würfel, also 21 g, frischer Hefe und reicht für eine Teigmenge von etwa 500 g Mehl. Im Gegensatz zu der frischen Preßhefe ist Trockenhefe bis zu zwei Jahren – bitte auf das Haltbarkeitsdatum achten! – haltbar. Deshalb ist sie auch etwas teurer.
Die frische Hefe bleibt nur einige Tage wirklich frisch. Sie sollte eine graue, leicht feuchte Oberfläche besitzen und etwas säuerlich riechen. Wenn Hefe brüchig und rissig, trocken und bräunlich geworden ist, dann hat sie ihre Triebkraft verloren. Für den Fall, daß Sie auch gerne einmal ganz spontan etwas backen möchten, sollten Sie immer ein paar Päckchen Trockenhefe im Haus haben, zumal sie trotz geringer Triebkraft wie frische Hefe verwendbar ist. Trockenhefe wird ohne Vorteig direkt zusammen mit dem Mehl gemischt und dann mit den anderen Zutaten des jeweiligen Rezeptes verknetet. Der Teig »geht« dann genauso wie Teige mit frischer Hefe.

Mehl

Mehl ist die Grundsubstanz der meisten Backwaren und natürlich auch eine Grundzutat für den Hefekuchen. In den meisten Rezepten wird ganz normales Weizenmehl (Type 405) verwendet.
In jedem Fall sollten Sie das Mehl sieben, damit keine Mehlklumpen im Gebäck entstehen können. Außerdem entwickelt sich der Teig wesentlich besser und er wird auch lockerer, wenn das Mehl vorher gesiebt wird. Mehl hat je nach Hersteller und den vom Hersteller verwendeten Getreidesorten

Süß wird Ihr Hefekuchen durch Zucker, Honig und Vanillezucker, den Sie übrigens ganz einfach selbst herstellen können.

eine unterschiedliche Quellfähigkeit.
Um ganz sicher zu gehen, daß der Teig nicht zu weich oder zu trocken wird, das ist nämlich auch abhängig von der Größe der Eier, sollten Sie immer erst einmal einen Teil der in den Rezepten angegebenen Mehlmenge verkneten und den Rest nach und nach dazugeben. Es kann nämlich vorkommen, daß Sie entweder etwas mehr oder weniger Mehl als angegeben benötigen.

Eier und Fett

Eier lockern und färben den Teig und machen ihn feiner. Eiweiß allein trocknet den Teig aus, deshalb benötigen feine Teige mehr Eigelb als Eiweiß. Fett ist ebenfalls eine Zutat, auf die kaum ein Kuchen verzichten kann. Am besten schmeckt natürlich auch in Hefeteigen Butter, aber Margarine tut's auch. Sie können also in jedem Rezept die Butter auch durch Margarine ersetzen. Nur bei Plunderteig sollten Sie ausschließlich Butter verwenden. Der Teig wird dann mürber und saftiger. Überhaupt wird der Teig durch größere Mengen an Fett schwerer und verlangt dann auch mehr Hefe.

Zum Fetten der Backformen und Bleche verwende ich selbst ausschließlich Butterschmalz. Sie können aber auch Butter, Margarine oder neutrales Pflanzenfett zum Fetten der Backformen und -bleche verwenden.

Zucker und andere Süßmittel

Süß soll der Hefekuchen ja schon schmecken, es sei denn Sie backen eines der herzhaften Hefeteiggerichte (Seite 56–61). Aber sogar bei ihrer Zubereitung ist Zucker wichtig, weil er von der Hefe zur Gärung gebraucht wird. Zucker kann aber meistens auch durch Honig, Ahornsirup oder durch Zuckerrübensirup ersetzt werden. Ein weiteres Süßmittel ist Vanillezucker. Fertig gekauft erhalten Sie ihn meistens nur als Vanillinzucker. Das ist Zucker mit künstlichem Vanillearoma. Sie können Vanillezucker aber auch ganz einfach selbst zubereiten.

Vanillezucker selbst zubereiten

Geben Sie Puderzucker zusammen mit einer Vanilleschote in ein Glas mit dicht schließendem Deckel und lassen Sie dieses Glas ein paar Tage bis Wochen stehen, bis der Zucker das Vanillearoma angenommen hat. Selbstgemachter Vanillezucker schmeckt besser als der gekaufte Vanillinzucker, ist frei von chemischen Zusätzen und preiswerter.

Mehl, Hefe, Fett und Eier, das sind die wichtigsten Zutaten bei der Zubereitung von Hefekuchen.

Tips und Tricks, damit der Teig gut »geht«

• Alle Zutaten sollten rechtzeitig aus dem Kühlschrank geholt werden, damit sie alle die gleiche (Zimmer)temperatur haben.

• Zum Gehen sollte der Vorteig an einem warmen Ort stehen. Die Hefe entwickelt sich bei 20 – 35° optimal.

• Milch und Fett sollten nie ganz heiß oder ganz kalt zur Hefe gegeben werden, denn dann verliert sie an Triebkraft. Achten Sie bitte immer darauf, daß die Zutaten nicht zu warm oder zu kalt sind.

• Salz und Fett behindern die Entwicklung der Hefe. Lassen Sie deshalb den Vorteig sich in Ruhe entwickeln und geben Sie erst dann Salz und Fett dazu, denn später stören die beiden nicht mehr.

• Es genügt nicht, wenn Sie einfach nur alle Teigzutaten zusammenschütten. Damit der Teig gut geht, muß er vorher kräftig durchgeknetet werden, so daß sich das Mehl mit seinem Kleber gut entwickeln und die Hefe richtig arbeiten kann. Deshalb ist es wichtig, den Teig mehrere Minuten lang durchzukneten. Das können Sie mit den Händen tun, einfacher ist die Zubereitung in der Küchenmaschine oder mit den Knethaken des Handrührgerätes. Kneten Sie aber immer auf der niedrigsten Stufe, sonst wird die Hefe durch die Hitzeentwicklung zerstört.

• Mit Ausnahme von einigen Rezepten mit sogenannter »kalter Teigführung« sollten Sie den Teig immer bei mindestens 20°, besser etwas höher, gehen lassen. Normalerweise genügt die Raumtemperatur der Küche. Wenn Ihnen die Raumtemperatur zu niedrig erscheint, stellen Sie die Teigschüssel in den Backofen mit leicht geöffneter Tür (Kochlöffel dazwischen klemmen) und heizen Sie kurz auf niedrigster Stufe.

• Nach dem Gehen sollten Sie den Teig noch einmal kräftig durchkneten. In älteren Kochbüchern wird oft noch geraten, den Teig zusammenzuschlagen. Diesen Rat sollten Sie befolgen: Schlagen Sie den Teig kräftig auf die Arbeitsfläche. Auf diese Art entweicht Luft und der Teig wird feinporiger und geht nach dem Formen besser und gleichmäßiger.

• Da die angegebenen Backzeiten je nach Backofen variieren können, sollten Sie je nach Gebäck mit Hilfe der Stäbchen- oder Klopfprobe gegen Ende der angegebenen Backzeit testen, ob Ihr Gebäck oder Kuchen auch durchgebakken ist. Vor allem bei Gas und Umluftbacköfen ist dies wichtig. Lesen Sie die Gebrauchsanweisung und stellen Sie die Temperatur entsprechend der für Elektrobacköfen angegebenen Temperatur ein. Hilfreich ist auch ein Backthermometer, das neben dem Kuchen im Backofen steht und Ihnen sehr genau angibt, ob die Temperatur richtig eingestellt ist.

<u>Die Stäbchenprobe</u>

Gebäck, das in einer Form gebacken wird, können Sie mit der sogenannten Stäbchenprobe testen. Stechen Sie dazu mit einer Backnadel oder einem Holzstäbchen an einer möglichst weichen Stelle der Kruste (zum Beispiel dort, wo sie aufgeplatzt ist) ein. Wenn beim Herausziehen kein Teig mehr am Stäbchen klebt, ist der Kuchen gar, ansonsten sollten Sie ihn noch einige Minuten weiterbacken und dann nochmals testen.

<u>Die Klopfprobe</u>

Diese Methode eignet sich für Brote, Zöpfe oder Kuchen, die

nicht in einer Form gebacken werden. Nehmen Sie gegen Ende der Backzeit den Laib mit Topflappen aus dem heißen Backofen und klopfen Sie mit dem Fingerknöchel auf die Unterseite. Ein fertig gebackenes Stück klingt hohl. Wenn der Laib noch nicht ganz durchgebacken ist, klingt es dumpf.

Backformen

Backformen für Hefekuchen können aus Weiß- oder Schwarzblech, Aluminium, Glas, Ton oder aus Steingut hergestellt sein. Generell reflektieren helle Formen die Wärme stärker als dunkle. In hellen Formen bäckt der Kuchen langsamer und er bleibt heller, in einer dunklen Form und in einer Glasform wird der Kuchen schneller fertig und erhält eine dunklere Kruste.
Die meisten Formen müssen Sie vor dem Backvorgang vorbereiten, indem Sie sie ausfetten. Damit wird verhindert, daß der Teig in der Form kleben bleibt, außerdem läßt sich der fertige Kuchen nach dem Backen leichter aus der Form lösen. Deshalb fetten Sie Ihre Backform mit Butterschmalz oder Butter oder einem anderen geschmacksneutralen Fett gründlich aus. Am besten geht das mit Hilfe eines Stückchen Pergamentpapiers oder einem Backpinsel. Lediglich Formen mit Teflon- oder Kunststoffbeschichtung brauchen nur wenig oder gar nicht gefettet zu werden. Achten Sie bei diesen Backformen aber darauf, daß Sie die Oberfläche nicht durch einen scharfen Gegenstand verkratzen. Beschichtete Formen mit stark beschädigten Oberflächen sollten Sie nicht mehr benutzen.
Bei einem Backblech können Sie auf das Ausfetten verzichten, wenn Sie es statt dessen mit Pergamentpapier oder mit Backpapier belegen.

Für das Backen von Hefekuchen eignen sich Formen aus Steingut, Weiß- oder Schwarzblech, Aluminium oder Glas. Einen Panettone (Seite 16) können Sie sogar im Blumentopf backen.

Osterbrot

Zutaten für 3 Brote:
1/2 Würfel Hefe (21 g)
100 ml lauwarme Milch
100 g Zucker
2 Eier
1 Prise Salz
400 g Mehl
Zum Bestreichen: Kondensmilch
Für das Backblech:
Butter oder Butterschmalz

Braucht etwas Zeit

Bei 24 Stück pro Stück etwa:
360 kJ/86 kcal
2 g Eiweiß · 1 g Fett
18 g Kohlenhydrate

- Zubereitungszeit: etwa 2 1/4 Stunden (davon 1 1/4 Stunden Ruhezeit und 30 Minuten Backzeit)

1. Die Hefe mit der Milch und 1 Teelöffel von dem Zucker verrühren, dann etwa 15 Minuten an einen warmen Ort stellen.

2. Den restlichen Zucker, die Eier und das Salz mit der Hefemilch in einer Schüssel verrühren. Das Mehl darüber sieben und alles gründlich verkneten. Den Teig zugedeckt an einer warmen Stelle etwa 45 Minuten gehen lassen, bis sich das Volumen ungefähr verdoppelt hat.

3. Das Blech fetten. Den Teig noch einmal kräftig durchkneten. In 3 Stücke teilen und kugelrunde Laibe formen. Mit der Naht nach unten auf das Blech legen und noch einmal etwa 15 Minuten gehen lassen.

4. Den Backofen auf 200° vorheizen.

5. Die Brote mit einem scharfen Messer kreuzweise einschneiden und mit Kondensmilch bestreichen.

6. Die Brote auf dem Blech im Backofen (Mitte) in etwa 30 Minuten backen.

7. Die fertigen Brote auf einem Kuchengitter auskühlen lassen.

Seelenzopf

Zutaten für 1 Zopf:
Für den Teig:
1 Würfel Hefe (42 g)
1/4 l lauwarme Milch
500 g Mehl
100 g Zucker
1 Eßl. Vanillezucker
2 Eier
1 Prise Salz
100 g weiche Butter
50 g gehacktes Orangeat
50 g gehacktes Zitronat
abgeriebene Schale von 1 unbehandelten Zitrone
Zum Bestreichen: Kondensmilch
Zum Bestreuen: Hagelzucker
Für das Backblech:
Butter oder Butterschmalz

Gelingt leicht

Bei 22 Stück pro Stück etwa:
360 kJ/86 kcal
1 g Eiweiß · 8 g Fett
9 g Kohlenhydrate

- Zubereitungszeit: etwa 2 1/4 Stunden (davon 1 1/4 Stunden Ruhezeit und 35 Minuten Backzeit)

1. Die Hefe mit der Milch, der Hälfte von dem Mehl und 3 Eßlöffeln von dem Zucker verrühren und etwa 15 Minuten an einen warmen Ort stellen.

2. Den restlichen Zucker, den Vanillezucker, die Eier, das Salz und die Butter schaumig rühren und mit dem Vorteig verrühren. Das restliche Mehl darüber sieben und mit dem Orangeat, dem Zitronat und der Zitronenschale etwa 10 Minuten mit den Händen oder in der Küchenmaschine auf der niedrigsten Stufe mit dem Kneteinsatz verkneten.

3. Den Teig zugedeckt an einer warmen Stelle etwa 45 Minuten gehen lassen.

4. Das Blech fetten. Den Teig noch einmal kräftig verkneten und in 3 Stücke teilen. Daraus jeweils einen etwa 40 cm langen, an den Enden etwas schlanker werdenden Strang formen und die 3 Stränge zu einem Zopf flechten.

5. Den Backofen auf 200° vorheizen. Den Zopf auf das Blech legen, mit Kondensmilch bestreichen und mit Hagelzucker bestreuen und etwa 15 Minuten gehen lassen.

6. Den Zopf im Backofen (Mitte) in etwa 35 Minuten goldgelb backen.

Im Bild vorne: Seelenzopf
Im Bild hinten: Osterbrot

Guglhupf

Zutaten für eine Guglhupfform von 22 cm Ø:
1/2 Würfel Hefe (21 g)
1/8 l lauwarme Milch
60 g Zucker
2 Eier
400 g Mehl
70 g Butter
abgeriebene Schale von 1 unbehandelten Zitrone
1 Prise Salz
1 Prise Muskat
1 Messerspitze Zimt
100 g Rosinen
2 Eßl. Rum nach Belieben, ersatzweise Wasser
25 g gewürfeltes Orangeat
25 g gewürfeltes Zitronat
Puderzucker
Für die Form: Butterschmalz

Gelingt leicht
Für Gäste

Bei 15 Stück pro Stück etwa:
810 kJ/190 kcal
4 g Eiweiß · 8 g Fett
32 g Kohlenhydrate

- Zubereitungszeit: etwa 2 1/2 Stunden (davon 1 1/2 Stunden Ruhezeit und 30 Minuten Backzeit)

1. Die Hefe mit der Milch und einem Teelöffel von dem Zukker verrühren, etwa 15 Minuten gehen lassen. Den restlichen Zucker und die Eier mit der Hefemilch verrühren. Das Mehl darüber sieben. Die Butter, die Zitronenschale, das Salz, die Muskatnuß und den Zimt dazugeben und alles etwa 10 Minuten kneten.

2. Den Teig zugedeckt an einer warmen Stelle etwa 45 Minuten gehen lassen, bis sich sein Volumen verdoppelt hat. Die Rosinen in einer Schüssel mit dem Rum beträufeln und darin ziehen lassen. Die Backform mit Butter fetten.

3. Die Rosinen, das Orangeat und das Zitronat in den gegangenen Teig kneten, eine Rolle formen und diese in die Form legen. Den Kuchen zugedeckt etwa 30 Minuten in der Form gehen lassen. Den Backofen auf 200° vorheizen.

4. Die Form auf den Rost in den Backofen (unten) stellen und in etwa 30 Minuten backen. Den fertigen Guglhupf in der Form etwas abkühlen lassen, dann auf ein Kuchengitter stürzen und mit Puderzucker übersieben.

Hefezopf

Zutaten für 1 Zopf:
1/2 Würfel Hefe (21 g)
1/8 l lauwarme Milch
50 g Zucker
2 Eier
1 Prise Salz
50 g Sultaninen
400 g Mehl
80 g Butter
Für das Backblech: Butterschmalz
Zum Bestreichen: Kondensmilch
Zum Bestreuen: gehobelte Mandeln

Gelingt leicht

Bei 15 Stück pro Stück etwa:
900 kJ/210 kcal
5 g Eiweiß · 9 g Fett
28 g Kohlenhydrate

- Zubereitungszeit: etwa 2 Stunden (davon 1 1/4 Stunden Ruhezeit und 25 Minuten Backzeit)

1. Die Hefe mit der Milch und 1 Teelöffel von dem Zucker verrühren. Etwa 15 Minuten warm stellen und gehen lassen. Dann den restlichen Zucker, die Eier, das Salz und die Hefemilch in einer Schüssel verrühren. Das Mehl darüber sieben. Die weiche Butter dazugeben. Die Sultaninen unterrühren und alles gründlich mischen.

2. Alles etwa 10 Minuten kneten. Den Teig zugedeckt etwa 45 Minuten gehen lassen. Das Blech fetten. Den Teig nach dem Gehen in 3 Stücke teilen und jeweils zu einem etwa 40 cm langen Strang rollen, dann ab der Mitte zu einem Zopf flechten.

3. Das geflochtene Teil nach hinten schlagen und die andere Seite flechten. Auf das Backblech legen und zugedeckt etwa 15 Minuten gehen lassen. Den Backofen auf 200° vorheizen.

4. Den Zopf mit Kondensmilch bestreichen und mit Mandeln bestreuen. Dann im Backofen (Mitte) etwa 25 Minuten backen. Gegen Ende der Backzeit den Zopf aus dem Ofen nehmen und mit dem Knöchel auf die Unterseite klopfen. Wenn es hohl klingt, ist der Zopf fertig. Auf einem Kuchengitter auskühlen lassen.

Tip!

Den Teig können Sie auch statt mit den Händen in der Küchenmaschine mit dem Kneteinsatz auf der niedrigsten Stufe kneten, oder mit den Knethaken des Handrührgerätes.

Frühstücksbrot

Zutaten für 1 Brot:
1/2 Würfel Hefe (21 g)
200 ml Milch
30 g Zucker
2 Eier
1 Prise Salz
400 g Mehl
Zum Bestreichen: Kondensmilch
Für das Backblech: Butterschmalz

Gelingt leicht
Raffiniert

Bei 12 Stück pro Stück etwa:
650 kJ/150 kcal
4 g Eiweiß · 2 g Fett
30 g Kohlenhydrate

- Zubereitungszeit: etwa 2 Stunden 20 Minuten (davon 1 Stunde Ruhezeit und 20 Minuten Backzeit)

1. Die Hefe mit der Milch und 1 Teelöffel von dem Zucker verrühren, dann etwa 15 Minuten warm stellen.

2. Den restlichen Zucker, die Eier und das Salz mit der Hefemilch in einer Rührschüssel verrühren. Das Mehl darüber sieben und alles mischen.

3. Die Zutaten etwa 10 Minuten mit den Händen oder in der Küchenmaschine kneten. Dann den Teig zugedeckt etwa 45 Minuten gehen lassen.

4. Das Blech fetten und den Teig noch einmal kräftig kneten, dann einen Laib formen und auf das Blech legen. Noch einmal etwa 15 Minuten zugedeckt gehen lassen.

5. Den Backofen auf 200° vorheizen. Den Brotlaib mit Kondensmilch bestreichen, dann im Backofen (Mitte) etwa 20 Minuten backen.

Mohnkranz

Zutaten für eine Springform von 22 cm Ø mit Rohreinsatz:
Für den Teig:
1/2 Würfel Hefe (21 g)
1/8 l lauwarme Milch
125 g Zucker
2 Eier
1 Prise Salz
500 g Mehl
60 g weiche Butter
Für die Füllung:
100 g Mohn
1/8 l Milch · 40 g Zucker
1 Eßl. Vanillezucker
Für die Backform: Butterschmalz
Für die Arbeitsfläche: Mehl

Für Gäste

Bei 14 Stück pro Stück etwa:
1100 kJ/260 kcal
6 g Eiweiß · 8 g Fett
44 g Kohlenhydrate

- Zubereitungszeit: etwa 2 Stunden (davon 1 Stunde Ruhezeit und 30 Minuten Backzeit)

1. Die Hefe mit der Milch und 1 Teelöffel von dem Zucker verrühren und etwa 15 Minuten gehen lassen.

2. Den restlichen Zucker, die Eier und das Salz mit der Hefemilch verrühren. Das Mehl darüber sieben. Die Butter dazugeben und alles mischen.

3. Die Zutaten etwa 10 Minuten mit den Händen oder auf der niedrigsten Stufe in der Küchenmaschine mit dem Kneteinsatz kneten. Den Teig zugedeckt etwa 1 Stunde gehen lassen.

4. Den Mohn in der Milch aufkochen, den Zucker und den Vanillezucker dazugeben und nochmals aufkochen. Dann einige Minuten bei schwacher Hitze weiterköcheln und eindicken lassen, bis eine streichfähige Masse entstanden ist.

5. Die Form fetten. Den Teig noch einmal kräftig kneten und auf einer bemehlten Fläche auf eine Größe von etwa 30 x 40 cm ausrollen. Die Mohnmasse darauf verteilen und den Teig zu einer Rolle formen.

6. Die Rolle mit einem scharfen Messer der Länge nach auseinander schneiden. Einen Strang um den anderen schlingen und in die gefettete Form legen. Die Springform zudecken und etwa 15 Minuten warm stellen. Den Backofen auf 200° vorheizen.

7. Die Form auf den Rost in den Backofen (Mitte) stellen und in etwa 30 Minuten backen.

Im Bild vorne: Mohnkranz
Im Bild hinten: Frühstücksbrot

Omas Nußkranz

Zutaten für 1 Springform von 22 cm Ø mit Rohreinsatz:
Für den Teig:
1/2 Würfel Hefe (21 g)
1/8 l lauwarme Milch
50 g Zucker
1 Ei
1 Prise Salz
400 g Mehl
70 g weiche Butter
Für die Füllung:
150 g gemahlene Haselnüsse
50 g Rosinen
50 g Sultaninen
50 g Zucker
1 Ei
1 Teel. Vanillezucker
Für die Arbeitsfläche: Mehl
Für die Form: Butterschmalz
Zum Bestreichen: 60 g Puderzucker
3 Teel. Zitronensaft
1 Messerspitze gemahlener Zimt

Für Gäste
Gelingt leicht

Bei 14 Stück pro Stück etwa:
1200 kJ/290 kcal
5 g Eiweiß · 12 g Fett
41 g Kohlenhydrate

- Zubereitungszeit: etwa 2 1/4 Stunden (davon 1 1/4 Stunden Ruhezeit und 30 Minuten Backzeit)

1. Die Hefe mit der Milch und 1 Teelöffel von dem Zucker verrühren, etwa 15 Minuten gehen lassen.

2. Den restlichen Zucker, das Ei und das Salz mit der Hefemilch in einer Rührschüssel verrühren. Das Mehl darüber sieben. Die Butter dazugeben.

3. Die Zutaten etwa 10 Minuten mit den Händen oder in der Küchenmaschine auf niedrigster Stufe mit dem Kneteinsatz kneten. Dann den Teig zugedeckt an einer warmen Stelle etwa 45 Minuten gehen lassen, bis sich sein Volumen verdoppelt hat.

4. Inzwischen für die Füllung die Nüsse, die Rosinen, die Sultaninen und den Zucker mit dem Ei und dem Vanillezucker mischen.

5. Den Backofen auf 200° vorheizen.

6. Den gegangenen Teig noch einmal kräftig kneten. Auf einer bemehlten Arbeitsfläche etwa 40 x 40 cm groß ausrollen, mit der Nußmasse bestreichen und zu einer Rolle formen. Die Form fetten. Den Teig hineinlegen, die Enden zusammendrücken und zugedeckt etwa 15 Minuten gehen lassen.

7. Die Form auf den Rost in den Backofen (Mitte) stellen und den Nußkranz in etwa 30 Minuten backen. Dann mit einem Holzstäbchen die Garprobe machen.

8. Den fertigen Kranz etwas abkühlen lassen, dann den Kranz auf ein Kuchengitter stürzen. Den Puderzucker mit dem Zitronensaft und dem Zimt in einer kleinen Schüssel verrühren, mischen und den Kranz damit bestreichen.

Variante:
Hefeschnecken

Aus dem gleichen Teig können Sie auch Hefeschnecken backen.
Dazu bereiten Sie die gleiche Teigrolle aus den gleichen Zutaten wie für den im nebenstehenden Rezept beschriebenen Nußkranz zu.
Dann schneiden Sie von der Rolle etwa 2 cm breite Scheiben ab und legen die Scheiben auf ein gefettetes Backblech.
Stellen Sie das Blech an eine warme Stelle und lassen Sie die Schnecken etwa 15 Minuten gehen. Dann die Schnekken bei 200° im Backofen (Mitte) in etwa 15 Minuten backen und nach dem Abkühlen auf einem Kuchengitter mit der Glasur bestreichen.

Omas Nußkranz schmeckt köstlich. Aus dem gleichen Teig können Sie auch die leckeren Hefeschnecken (im Bild hinten) backen.

Panettone

Sie können diesen Kuchen auch in einem neuen Blumentopf backen.

Zutaten für eine Panettoneform von 12 cm Ø und 16 cm Höhe oder eine andere Backform mit ähnlichen Maßen:
- *1/2 Würfel Hefe (21 g)*
- *1/8 l lauwarme Milch*
- *80 g Zucker*
- *3 Eier*
- *1 Messerspitze Salz*
- *1 Eßl. Vanillezucker*
- *500 g Mehl*
- *100 g weiche Butter*
- *50 g kandierte Kirschen*
- *100 g Rosinen*
- *50 g gehackte Mandeln*
- *50 g gewürfeltes Orangeat*
- *50 g gewürfeltes Zitronat*
- *Für die Form: Butterschmalz*

Spezialität aus Italien

Bei 10 Stück pro Stück etwa:
1800 kJ/430 kcal
8 g Eiweiß · 24 g Fett
69 g Kohlenhydrate

- Zubereitungszeit: etwa 3 Stunden (davon 1 1/2 Stunden Ruhezeit und 1 Stunde Backzeit)

1. Die Hefe mit der Milch und 1 Teelöffel von dem Zucker verrühren, dann etwa 15 Minuten an einen warmen Ort stellen.

2. Den restlichen Zucker, die Eier und das Salz mit der Hefemilch und dem Vanillezucker in einer Rührschüssel verrühren. Das Mehl darüber sieben. Die Butter dazugeben und alles gründlich mischen.

3. Die Zutaten mindestens 10 Minuten kneten. Den Teig zugedeckt etwa 45 Minuten gehen lassen.

4. Inzwischen die Form gut fetten. Die Kirschen in kleine Würfel schneiden und mit den Rosinen, den Mandeln, dem Orangeat und dem Zitronat unter den Teig kneten.

5. Den Teig in die Form gleiten lassen und etwa 30 Minuten gehen lassen. Den Backofen auf 200° vorheizen.

6. Die Form auf den Rost in den Backofen (unten) stellen und den Kuchen in etwa 1 Stunde backen.

Rosinenstuten

Zutaten für zwei Kastenformen von je 20 cm Länge:
- *1/2 Würfel Hefe (21 g)*
- *100 ml lauwarme Milch*
- *75 g Zucker*
- *1 Eßl. Vanillezucker*
- *2 Eier*
- *1 Prise Salz*
- *400 g Mehl*
- *50 g weiche Butter*
- *200 g Rosinen*
- *Für die Formen: Butterschmalz*

Gelingt leicht

Bei 20 Stück pro Stück etwa:
630 kJ/150 kcal
3 g Eiweiß · 3 g Fett
28 g Kohlenhydrate

- Zubereitungszeit: etwa 2 Stunden (davon 1 1/4 Stunden Ruhezeit und 25 Minuten Backzeit)

1. Die Hefe mit der Milch und 1 Teelöffel von dem Zucker verrühren, dann etwa 15 Minuten an einen warmen Ort stellen.

2. Den restlichen Zucker, den Vanillezucker, die Eier und das Salz mit der Hefemilch verrühren. Das Mehl darüber sieben. Die Butter dazugeben und alles gründlich mischen.

3. Die Rosinen zum Teig geben und alles kneten. Den Teig zugedeckt an einer warmen Stelle etwa 45 Minuten gehen lassen, bis sich sein Volumen verdoppelt hat.

4. Die Kastenformen fetten. Den Teig noch einmal kräftig kneten, in die Formen füllen und noch einmal etwa 15 Minuten zugedeckt gehen lassen.

5. Den Backofen auf 200° vorheizen.

6. Die beiden Formen auf den Rost in den Backofen (Mitte) stellen und in etwa 25 Minuten backen.

7. Die Kuchen noch warm aus den Formen stürzen und auskühlen lassen.

Im Bild vorne: Rosinenstuten
Im Bild hinten: Panettone

Früchtebrot

Zutaten für eine Springform von 20 cm Ø:
1/2 Würfel Hefe (21 g)
200 ml lauwarmes Wasser
60 g Zucker
500 g Mehl
150 g weiche Butter
1 Teel. Salz
1 Teel. kandierte Ingwerwurzel
150 g Rosinen
150 g Korinthen
100 g gehackte Mandeln
50 g gewürfeltes Orangeat
50 g gewürfeltes Zitronat
je 1 Messerspitze gemahlene Muskatnuß, Piment, Nelken, Kardamom, Ingwer, Zimt
Zum Bestreichen: Kondensmilch
Zum Ausrollen: etwas Mehl
Für die Form: Butter oder Butterschmalz

Raffiniert
Braucht etwas Zeit

Bei 16 Stück pro Stück etwa:
1300 kJ/310 kcal
4 g Eiweiß · 16 g Fett
46 g Kohlenhydrate

- Zubereitungszeit: etwa 3 Stunden (davon 1 1/2 Stunden Ruhezeit und 1 Stunde Backzeit)

1. Die Hefe im lauwarmen Wasser mit 1 Teelöffel von dem Zucker verrühren, dann etwa 15 Minuten an einem warmen Ort gehen lassen.

2. Den restlichen Zucker mit dem Hefewasser verrühren. Das Mehl darüber sieben. Die Butter dazugeben und mit dem Salz mischen. Die Zutaten einige Minuten kneten. Dann den Teig zugedeckt an einer warmen Stelle etwa 45 Minuten gehen lassen, bis sich das Volumen verdoppelt hat.

3. Die Ingwerwurzel fein hacken. Etwa zwei Drittel des Teiges auf einer leicht bemehlten Fläche ausrollen, die Trockenfrüchte mit den Gewürzen und dem Ingwer auf den Teig geben und alles gut in den Teig kneten, bis eine gleichmäßige Masse entstanden ist.

4. Den übrigen hellen Teig ausrollen. Aus dem Teig mit den Gewürzen eine Kugel formen und diese auf den hellen Teig setzen. Den hellen Teig über dem dunklen Teig zusammenlegen und festdrücken, zugedeckt etwa 30 Minuten gehen lassen.

5. Den Backofen auf 200° vorheizen.

6. Die Form mit Butter oder Butterschmalz fetten und den Teig in die Springform geben. Die Teigkugel so stark flachdrücken, daß die Springform fast ausgefüllt ist. Mit einer Gabel mehrmals in den Teig stechen, damit beim Backen keine Blasen entstehen können.

7. Die Form auf den Rost in den Backofen (Mitte) stellen und etwa 45 Minuten backen. Dann den Rand der Springform entfernen und das Brot in etwa 15 Minuten fertig backen. Auf diese Weise bräunt auch der Rand des Brotes. Nach dem Backen das Brot auf einem Kuchengitter auskühlen lassen.

Ein Früchtebrot schmeckt zur Weihnachtszeit besonders gut.

Mandelstollen

Zutaten für 2 Stollen:
1 Würfel Hefe (42 g)
1/4 l lauwarme Milch
100 g Zuckerrübensirup, Honig oder Zucker
1 Prise Salz
150 g weiche Butter
1 Eßl. Vanillezucker
100 g Rosinen
200 g gehackte Mandeln
600 g Mehl
3 gehackte Bittermandeln
je 1 Prise gemahlener Kardamom und Zimt
50 g gewürfeltes Zitronat
50 g gewürfeltes Orangeat
Zum Bestreichen: 50 g Butter
100 g Puderzucker
Für das Backblech: Butterschmalz

Für Gäste
Raffiniert

Bei 28 Stück pro Stück etwa:
950 kJ/230 kcal
4 g Eiweiß · 13 g Fett
30 g Kohlenhydrate

- Zubereitungszeit: etwa 2 1/2 Stunden (davon 1 1/2 Stunden Ruhezeit und 50 Minuten Backzeit)

1. Alle Zutaten für die Stollen in eine Rührschüssel geben, gut kneten und etwa 1 Stunde an einem warmen Ort gehen lassen, bis sich das Volumen deutlich vergrößert hat.

2. Das Blech fetten. Den Teig noch einmal kräftig durchkneten und zu 2 Rechtecken formen. Jeweils auf einer Seite des Rechtecks dünner ausrollen, dann jeweils die dickere Seite auf die dünnere Seite legen. Die beiden Stollen auf das Blech geben und noch einmal etwa 30 Minuten gehen lassen.

3. Die Stollen im Backofen (Mitte) bei 190° in etwa 50 Minuten backen.

4. Die Butter zum Bestreichen zerlassen und die warmen Stollen damit bestreichen und dick mit dem Puderzucker bestreuen. Dann auf einem Kuchengitter auskühlen lassen.

Dresdner Christstollen

Zutaten für 2 Stollen:
1 Würfel Hefe (42 g)
1/4 l lauwarme Milch
100 g Zucker
1 Messerspitze Salz
500 g Mehl
200 g weiche Butter
abgeriebene Schale von 1 unbehandelten Zitrone
1 Prise gemahlener Kardamom
100 g gewürfeltes Zitronat
100 g gewürfeltes Orangeat
100 g Korinthen
200 g Rosinen
100 g gehackte Mandeln
Zum Bestreichen: 50 g Butter
100 g Puderzucker
Für das Backblech: Butterschmalz

Braucht etwas Zeit

Bei 28 Stück pro Stück etwa:
990 kJ/240 kcal
3 g Eiweiß · 15 g Fett
34 g Kohlenhydrate

- Zubereitungszeit: etwa 3 Stunden (davon 1 1/2 Stunden Ruhezeit und 1 Stunde Backzeit)

1. Die Hefe mit der Milch und 1 Teelöffel von dem Zucker verrühren, dann etwa 15 Minuten an einen warmen Ort stellen.

2. Den restlichen Zucker und das Salz mit der Hefemilch verrühren. Das Mehl darüber sieben. Die Butter dazugeben und mit der Zitronenschale und dem Kardamom mischen.

3. Die Zutaten etwa 10 Minuten kneten. Die Früchte und die Mandeln dazugeben und den Teig zugedeckt an einer warmen Stelle etwa 45 Minuten gehen lassen, bis sich das Volumen verdoppelt hat.

4. Das Blech fetten. Den Teig kneten und zu 2 Rechtecken formen, die jeweils auf einer Seite etwas dünner werden. Die dickere Seite auf die dünnere Seite legen und beide Stollen auf das Blech geben. Noch einmal etwa 30 Minuten gehen lassen.

5. Die Stollen auf dem Blech im Backofen (Mitte) in etwa 1 Stunde bei 190° backen.

6. Die Butter zum Bestreichen zerlassen und die Stollen noch heiß damit bestreichen und dick mit dem Puderzucker bestreuen.

Bild oben: Dresdner Christstollen
Bild unten: Mandelstollen

Schuhsohlen

Die Vorbereitung und das »Touren« des Teiges sind bei diesem Rezept etwas aufwendig, deshalb ist die Teigmenge hier auch gleich größer bemessen. Sie können aus diesem Teig auch Hörnchen, Taschen und Schweinsöhrchen formen. Sie werden sehen und schmecken, daß sich die Herstellung dieses Teiges wirklich lohnt.

Zutaten für 40 Stück:
1 Würfel Hefe (42 g)
200 ml lauwarme Milch
550 g Mehl · 1 Ei
60 g Zucker
1 Messerspitze Salz
50 g weiche Butter
Für das Fettstück: 250 g Butter
50 g Mehl
Für das Backblech: Butterschmalz
Zum Ausrollen: etwas Mehl
Zum Bestreuen: Zucker

Braucht etwas Zeit

Pro Stück etwa:
510 kJ/120 kcal
2 g Eiweiß · 7 g Fett
14 g Kohlenhydrate

- Zubereitungszeit: etwa 3 Stunden 20 Minuten (davon 2 1/2 Stunden Ruhezeit und 20 Minuten Backzeit je Blech)

Tip!

Sie können den Teig gut vorbereiten, über Nacht in Folie verpackt im Kühlschrank lagern und am nächsten Tag bequem verarbeiten.

1. Die Milch mit der Hefe verrühren.

2. Das Mehl in eine Schüssel sieben, die Hefemilch, das Ei, den Zucker, das Salz und die Butter dazugeben. Alles etwa 5 Minuten lang verkneten. Den Teig in Folie oder ein dicht schließendes Gefäß verpacken und etwa 1 Stunde in den Kühlschrank legen.

3. Für das Fettstück die Butter und das Mehl verkneten und zu einem 1 cm dicken und etwa 20 x 20 cm großen Rechteck formen. Der Teig und das Fettstück sollten ungefähr die gleiche Geschmeidigkeit besitzen.

4. Den Teig auf einer bemehlten Fläche zu einem etwa 25 x 40 cm großen Rechteck ausrollen. Das Fettstück auf die Mitte des Teiges legen, die Teigecken vollständig über das Fettstück klappen, leicht festdrücken und zugedeckt etwa 30 Minuten kühl stellen.

5. Den Teig auf einer bemehlten Fläche zur dreifachen Länge ausrollen, von beiden Enden je ein Drittel einklappen und wieder etwa 30 Minuten zugedeckt in den Kühlschrank legen. Diesen Vorgang noch zweimal wiederholen.

6. Das Blech fetten und den Backofen auf 210° vorheizen. Den Teig etwa 1 cm dick ausrollen und mit einem Trinkglas Kreise ausstechen.

7. Diese Scheiben auf einer gezuckerten Arbeitsfläche zu Ovalen ausrollen, auf das Backblech legen und jedes Blech mit Schuhsohlen etwa 20 Minuten im Backofen (Mitte) backen.

Variante:
Plunderhörnchen
Aus dem Teig für die Schuhsohlen können Sie auch Plunderhörnchen zubereiten. Dazu den Teig und das Backblech genauso wie für die Schuhsohlen vorbereiten. Dann den fertigen Teig in 2 Teile teilen und jeweils etwa 0,5 cm dicke, 30 cm lange und 15 cm breite Streifen ausrollen. Daraus Dreiecke schneiden und diese leicht längs ausrollen. Von der kürzeren Seite beginnend aufrollen und zu Hörnchen formen. Die Hörnchen auf das Backblech legen. 2 Eigelbe mit 1 Eßlöffel Wasser verrühren und die Hörnchen damit bestreichen. Die Hörnchen etwa 20 Minuten im Backofen (Mitte) backen.

Für Zwischendurch zum Kaffee oder Tee: »Schuhsohlen« (hinten) und Plunderhörnchen (vorne) – einfach unwiderstehlich!

Apfelpastete

Zutaten für 4 Auflaufförmchen von 12 cm Ø:

Für den Teig:

- *1/2 Würfel Hefe (21 g)*
- *100 ml lauwarme Milch*
- *65 g Zucker*
- *1 Ei*
- *1 Prise Salz*
- *1 Eßl. Vanillezucker*
- *50 g weiche Butter*
- *400 g Mehl*

Für die Füllung:

- *250 g Äpfel*
- *1 Eßl. Zitronensaft*
- *60 g Zucker*
- *50 g Sultaninen*
- *Zimt und Zucker*

Für den Belag: 1 Ei

- *Mandelblättchen*

Für die Backförmchen:

- *Butter oder Butterschmalz*

Braucht etwas Zeit
Raffiniert

Pro Portion etwa:
3000 kJ/710 kcal
15 g Eiweiß · 12 g Fett
140 g Kohlenhydrate

- Zubereitungszeit: etwa 2 Stunden 45 Minuten (davon 1 1/4 Stunden Ruhezeit und 30 Minuten Backzeit)

1. Die Hefe mit der Milch und 1 Teelöffel von dem Zucker verrühren, etwa 15 Minuten warm stellen. Den restlichen Zucker, das Ei, das Salz, den Vanillezucker und die Butter mit der Hefemilch verrühren. Das Mehl darüber sieben und gut kneten. Den Teig zugedeckt an einer warmen Stelle etwa 45 Minuten gehen lassen.

2. Die Äpfel waschen und schälen, von den Kerngehäusen befreien, in Scheiben schneiden und mit dem Zitronensaft beträufeln. Mit dem Zucker und den Sultaninen mischen, mit Zimt und Zucker bestreuen und ziehen lassen. Inzwischen die Förmchen fetten. Den Teig kneten, in 6 Stükke teilen.

3. Die Förmchen mit Teig auslegen und füllen. Die übrigen Teigstücke halbieren, je eine Teigplatte ausrollen. Das Ei trennen, Teigrand und die Teigplatte mit dem Eiweiß bestreichen. Mit der eingestrichenen Seite auf die Pastete legen, mit Eigelb bestreichen, zugedeckt etwa 15 Minuten gehen lassen.

4. Die Apfelpastetchen in die Förmchen auf den Rost in den Backofen (Mitte) stellen und bei 200° in etwa 30 Minuten backen. Nach dem Backen gleich heiß servieren.

Rosinenbrötchen

Zutaten für 12 Stück:
1/2 Würfel Hefe (21 g)
1/8 l lauwarme Milch
75 g Zucker
1 Ei
1 Prise Salz
1 Eßl. Vanillezucker
400 g Mehl
50 g weiche Butter
200 g Rosinen
Zum Bestreichen: Kondensmilch
Für das Backblech:
Butter oder Butterschmalz

Raffiniert
Gelingt leicht

Pro Stück etwa:
1000 kJ/240 kcal
4 g Eiweiß · 5 g Fett
47 g Kohlenhydrate

- Zubereitungszeit: etwa 1 Stunde 40 Minuten (davon 1 1/4 Stunden Ruhezeit und 20 Minuten Backzeit)

1. Die Hefe mit der Milch und 1 Teelöffel von dem Zucker verrühren, dann etwa 15 Minuten an einen warmen Ort stellen. Den restlichen Zucker, das Ei, das Salz und den Vanillezucker mit der Hefemilch in einer Rührschüssel verrühren. Das Mehl darüber sieben. Die Butter dazugeben und mit den Rosinen zusammen gründlich mischen.

2. Die Zutaten etwa 10 Minuten kneten. Dann den Teig zugedeckt an einer warmen Stelle etwa 45 Minuten gehen lassen. Das Blech fetten. Den Teig noch einmal kräftig kneten, dann 12 gleich große Kugeln formen. Die Kugeln auf das Blech legen und noch einmal etwa 15 Minuten gehen lassen.

3. Den Backofen auf 200° vorheizen. Die Brötchen mit Kondensmilch bestreichen, dann im Backofen (Mitte) etwa 20 Minuten backen.

4. Die fertigen Brötchen auf einem Kuchengitter auskühlen lassen.

Tip!

Diese süßen Brötchen sind vor allem bei Kindern sehr beliebt und schmecken am besten nur mit Butter.

Schweins-öhrchen

Zutaten für 60 Stück:
Für den Teig:
200 ml lauwarme Milch
1 Würfel Hefe (42 g)
500 g Mehl
1 Ei
40 g Zucker
1 Messerspitze Salz
50 g weiche Butter
Für das Fettstück:
250 g Butter
50 g Mehl
Zum Ausrollen: Mehl
Für das Backblech: Butterschmalz
Zum Wenden: Zucker

Braucht etwas Zeit

Pro Stück etwa:
320 kJ/76 kcal
1 g Eiweiß · 5 g Fett
8 g Kohlenhydrate

- Zubereitungszeit: etwa 4 Stunden (davon 2 1/2 Stunden Ruhezeit und 20 Minuten Backzeit je Blech)

1. Die Milch mit der Hefe verrühren. Das Mehl in eine Schüssel sieben, die Hefemilch, das Ei, den Zucker, das Salz und die Butter dazugeben und etwa 5 Minuten verkneten. Den Teig in Folie oder in ein dicht schließendes Gefäß verpacken und etwa 1 Stunde in den Kühlschrank legen.

2. Für das Fettstück die Butter mit dem Mehl verkneten und zu einem etwa 1 cm dicken und etwa 15 x 20 cm großen Rechteck formen. Der Teig sollte etwa die gleiche Geschmeidigkeit besitzen wie das Fettstück.

3. Den Teig auf einer bemehlten Fläche auf etwa 30 x 40 cm Größe ausrollen. Das Fettstück auf eine Seite des Teiges legen, die andere Teigseite vollständig über das Fettstück klappen und rundum leicht festdrükken.

4. Dann den Teig auf einer bemehlten Fläche zur etwa dreifachen Länge ausrollen, von vorne und hinten je ein Drittel einklappen und im Kühlschrank etwa 30 Minuten zugedeckt kühlen. Diesen Arbeitsgang zweimal wiederholen.

5. Das Blech fetten, den Backofen auf 200° vorheizen.

6. Den Teig in mehrere Stücke teilen und jeweils etwa 0,5 cm dick ausrollen, so daß ein Rechteck von 15 x 30 cm entsteht. Beide Längsseiten zur Mitte klappen, dann eine dieser Hälften auf die andere Hälfte klappen. Von diesem Strang mit einem scharfen Messer etwa 1–2 cm breite Stücke schneiden. Die Schnittflächen in Zucker wenden und auf das Backblech legen.

7. Die Schweinsöhrchen auf dem Blech im Backofen (Mitte) jeweils etwa 20 Minuten backen, dabei nach etwa 10 Minuten Backzeit wenden und von der anderen Seite backen.

Variante:
Nußkämme
Für die Nußkämme bereiten Sie den Teig genauso wie die Schweinsöhrchen zu. Teilen Sie den fertigen Teig in Stücke und rollen Sie etwa 0,5 cm dicke, 40 x 12 cm große lange Streifen aus.
Für die Füllung 100 g gemahlene Haselnüsse mit 3 Eßlöffeln Zucker, 1 Eßlöffel Vanillezucker und 4 Eßlöffeln Sahne zu einer weichen Paste verrühren. Die Füllung jeweils auf die Mitte des Teiges streichen, eine Teighälfte über die Füllung klappen und auf der anderen Seite leicht festdrücken. Dann mit einem scharfen Messer etwa 8 cm lange Stücke abschneiden, den Teig kammartig einschneiden und auf das Backblech legen. Die Teile mit Kondensmilch bestreichen und die Nußkämme etwa 20 Minuten im Backofen (Mitte) backen.

Schweinsöhrchen (vorne) und Nußkämme (hinten) sind ein köstliches Gebäck.

Aprikosentaschen

Zutaten für 12 Stück:
1/2 Würfel Hefe (21 g)
1/8 l lauwarme Milch
60 g Zucker
1 Ei
1 Prise Salz
400 g Mehl
60 g weiche Butter
200 g Aprikosenmarmelade
Zum Bestreichen: 1 Ei
Für das Backblech: Butterschmalz

Raffiniert

Pro Stück etwa:
1000 kJ/240 kcal
4 g Eiweiß · 6 g Fett
44 g Kohlenhydrate

- Zubereitungszeit: etwa 2 Stunden (davon 1 1/4 Stunden Ruhezeit und 20 Minuten Backzeit)

1. Die Hefe mit der Milch und 1 Teelöffel von dem Zucker verrühren und etwa 15 Minuten an einem warmen Ort gehen lassen.

2. Den restlichen Zucker, das Ei und das Salz mit der Hefemilch verrühren. Das Mehl darüber sieben. Die Butter dazugeben und den Teig einige Minuten kneten. Den Teig zugedeckt an einer warmen Stelle etwa 45 Minuten gehen lassen.

3. Den Teig nach dem Gehen noch einmal kneten und dünn ausrollen. 12 Quadrate von etwa 14 x 14 cm ausschneiden, den restlichen Teig wieder ausrollen und mit einem Trinkglas 12 Kreise ausstechen.

4. Das Ei trennen. Das Eiweiß steif schlagen. Das Backblech fetten.

5. In der Mitte jedes Quadrates jeweils 1 Teelöffel von der Aprikosenmarmelade setzen und die Ecken zur Mitte klappen. Auf die Ecken jeweils etwas Eiweiß streichen, die Teigkreise ebenfalls mit Eiweiß bestreichen und jeweils 1 Kreis auf die Ecken legen.

6. Die Aprikosentaschen auf das Backblech setzen und zugedeckt etwa 15 Minuten gehen lassen. Den Backofen auf 200° vorheizen.

7. Die Aprikosentaschen mit dem Eigelb bestreichen und im Backofen (Mitte) in etwa 20 Minuten backen.

Buchteln

Zutaten für 15 Stück:
1 Würfel Hefe (42 g)
1/4 l lauwarme Milch
100 g Zucker
60 g weiche Butter
1 Ei
1 Prise Salz
abgeriebene Schale von 1 unbehandelten Zitrone
500 g Mehl
Für die Auflaufform: Butter
Außerdem: etwas Mehl
Zum Bestreichen: etwas Butter

Gelingt leicht

Pro Stück etwa:
940 kJ/220 kcal
4 g Eiweiß · 8 g Fett
34 g Kohlenhydrate

- Zubereitungszeit: etwa 2 Stunden (davon 1 1/4 Stunden Ruhezeit und 30 Minuten Backzeit)

1. Die Hefe mit der Milch und 1 Teelöffel von dem Zucker verrühren und an einem warmen Ort etwa 15 Minuten gehen lassen.

2. Den restlichen Zucker mit der Butter, dem Ei, dem Salz und der Zitronenschale schaumig schlagen und mit der Hefemilch mischen. Das Mehl darüber sieben und den Teig etwa 10 Minuten kneten.

3. Den Teig zugedeckt an einer warmen Stelle etwa 45 Minuten gehen lassen.

4. Die Auflaufform mit der Butter ausfetten. Den Teig kräftig kneten, dann aus dem Teig 15 gleich große Stücke formen. Mit bemehlten Händen zu Kugeln drehen, in die Auflaufform setzen, etwa 15 Minuten gehen lassen. Den Backofen auf 200° vorheizen.

5. Etwas Butter zerlassen und die Buchteln damit bestreichen. Dann im Backofen (Mitte) etwa 30 Minuten backen.

Bild oben: Buchteln
Bild unten: Aprikosentaschen

Frühstücks-teilchen

Zutaten für 12 Stück:
1/2 Würfel Hefe (21 g)
1/8 l lauwarme Milch
50 g Zucker
2 Eier
50 g weiche Butter
1 Prise Salz
400 g Mehl
Für das Backblech: Butterschmalz
Zum Bestreichen: Kondensmilch

Braucht etwas Zeit

Pro Stück etwa:
790 kJ/190 kcal
4 g Eiweiß · 5 g Fett
31 g Kohlenhydrate

- Zubereitungszeit: etwa 2 Stunden (davon 1 1/4 Stunden Ruhezeit und 20 Minuten Backzeit)

1. Die Hefe mit der Milch und 1 Teelöffel von dem Zucker verrühren, dann etwa 15 Minuten an einen warmen Ort stellen.

2. Den restlichen Zucker, die Eier, die Butter und das Salz mit der Hefemilch mischen, das Mehl darüber sieben, etwa 10 Minuten mit den Händen oder auf niedrigster Stufe in der Küchenmaschine mit dem Kneteinsatz kneten.

3. Den Teig zugedeckt etwa 45 Minuten gehen lassen, bis sich das Volumen ungefähr verdoppelt hat.

4. Das Blech fetten. Den Teig noch einmal gut kneten. In 12 Stücke teilen und nach Belieben in Brötchen, Hörnchen, Schnecken oder Zöpfe formen, dann auf das Blech legen und die Teilchen etwa 15 Minuten gehen lassen.

5. Den Backofen vorheizen. Die Frühstücksteilchen mit Kondensmilch bestreichen und im Backofen (Mitte) in etwa 20 Minuten backen.

6. Auf einem Kuchengitter etwas abkühlen lassen, aber noch warm servieren.

Safranringe

Zutaten für 30 Ringe:
1/2 Würfel Hefe (21 g)
100 ml lauwarme Milch
75 g Zucker
2 Eier
1 Prise Salz
1 Eßl. Vanillezucker
abgeriebene Schale von 1 unbehandelten Zitrone
1 Prise Safran
50 g weiche Butter
400 g Mehl
Zum Bestreichen: Kondensmilch
Für das Backblech: Backpapier
Zum Ausrollen: etwas Mehl

Raffiniert

Pro Stück etwa:
340 kJ/81 kcal
2 g Eiweiß · 2 g Fett
14 g Kohlenhydrate

- Zubereitungszeit: etwa 2 Stunden (davon 1 1/4 Stunden Ruhezeit und 20 Minuten Backzeit je Blech)

1. Die Hefe mit der Milch und 1 Teelöffel von dem Zucker verrühren, dann etwa 15 Minuten an einen warmen Ort stellen.

2. Den restlichen Zucker, die Eier, das Salz, den Vanillezucker und die Zitronenschale mit der Hefemilch in einer Schüssel verrühren. Den Safran in etwas Wasser auflösen und zum Teig geben. Die Butter dazugeben und das Mehl darüber sieben.

3. Die Zutaten etwa 10 Minuten kneten und zugedeckt an einer warmen Stelle etwa 45 Minuten gehen lassen.

4. Das Blech mit Backpapier auslegen. Den Teig noch einmal kräftig kneten. Dann auf einer leicht bemehlten Arbeitsfläche etwa fingerdick ausrollen und mit einem großen Trinkglas Scheiben ausstechen. Dann mit einem kleineren Trinkglas innerhalb der Scheiben kleinere Scheiben ausstechen und entfernen. Die Ringe auf das Blech legen und zugedeckt noch etwa 15 Minuten gehen lassen.

5. Den Backofen auf 200° vorheizen.

6. Die Ringe mit Kondensmilch bestreichen und im Backofen (Mitte) etwa 20 Minuten backen.

Im Bild vorne: Safranringe
Im Bild hinten: Frühstücksteilchen

Parkerhouse-Brötchen

Zutaten für 24 Stück:
1 Würfel Hefe (42 g)
200 ml lauwarme Milch
75 g Zucker
2 Eier
1 Prise Salz
100 g weiche Butter
550 g Mehl
Für das Backblech:
Butter oder Butterschmalz
Zum Bestreichen: zerlassene Butter

Braucht etwas Zeit

Pro Stück etwa:
650 kJ/150 kcal
3 g Eiweiß · 6 g Fett
22 g Kohlenhydrate

- Zubereitungszeit: etwa 2 Stunden (davon 1 1/4 Stunden Ruhezeit und 20 Minuten Backzeit)

1. Die Hefe mit der Milch und 1 Teelöffel von dem Zucker verrühren, dann etwa 15 Minuten an einen warmen Ort stellen.

2. Den restlichen Zucker, die Eier, das Salz und die Butter dazugeben und mit der Hefemilch in einer Schüssel verrühren. Das Mehl darüber sieben und kräftig kneten. Den Teig zugedeckt etwa 45 Minuten gehen lassen, bis sich das Volumen verdoppelt hat.

3. Den Teig noch einmal kneten und fingerdick ausrollen. Mit einem Trinkglas von etwa 10 cm Durchmesser 24 Kreise ausstechen, die Mitte der Kreise mit einem Messerrücken stark eindrücken, mit zerlassener Butter bestreichen und zum Halbmond zusammenklappen. Die Halbmonde auf das Blech legen und etwa 15 Minuten gehen lassen.

4. Die Brötchen mit zerlassener Butter bestreichen und im Backofen (Mitte) in etwa 20 Minuten goldbraun backen. Danach auf einem Kuchengitter abkühlen lassen.

Bagel

Zutaten für 16 Stück:
1/2 Würfel Hefe (21 g)
100 ml lauwarme Milch
50 g Zucker
1 Ei
1 Prise Salz
40 g weiche Butter
350 g Mehl
Zum Bestreuen: Sesam
Zum Ausrollen: etwas Mehl
Für das Backblech:
Butter oder Butterschmalz

Raffiniert

Pro Stück etwa:
570 kJ/140 kcal
3 g Eiweiß · 4 g Fett
21 g Kohlenhydrate

- Zubereitungszeit: etwa 2 Stunden 20 Minuten (davon 1 1/2 Stunden Ruhezeit und 20 Minuten Backzeit)

1. In einer kleinen Schüssel die Hefe mit der Milch und 1 Teelöffel von dem Zucker verrühren, dann etwa 15 Minuten an einen warmen Ort stellen und gehen lassen.

2. Den restlichen Zucker, das Ei und das Salz mit der Hefemilch in einer Rührschüssel verrühren, die Butter dazugeben, das Mehl darüber sieben und alles gründlich mischen.

3. Die Zutaten mindestens 10 Minuten mit den Händen oder auf niedrigster Stufe in der Küchenmaschine mit dem Kneteinsatz kneten. Dann den Teig zugedeckt an einer warmen Stelle etwa 1 Stunde gehen lassen, bis sich das Volumen deutlich vergrößert hat.

4. Den Teig noch einmal kräftig kneten und auf einer bemehlten Arbeitsfläche fingerdick ausrollen. Mit einem Trinkglas von etwa 8 cm Durchmesser 16 Kreise ausstechen und jeweils in die Mitte 3 1/2 cm große Löcher bohren oder ausstechen. Die Ringe auf ein Brett legen und noch einmal etwa 15 Minuten gehen lassen.

5. In einem mittelgroßen Topf reichlich Wasser zum Kochen bringen. Den Backofen auf 200° vorheizen. Das Blech fetten. Die Teigringe kurz in das kochende Wasser tauchen, dann auf das Blech legen und mit Sesam bestreuen.

6. Im Backofen (Mitte) in etwa 20 Minuten backen. Die fertigen Bagel auf einem Kuchengitter auskühlen lassen.

Im Bild vorne: Bagel
Im Bild hinten: Parkerhouse-Brötchen

Mohnbrötchen

Zutaten für 10 Stück:
1/2 Würfel Hefe (21 g)
100 ml lauwarme Milch
50 g Zucker
2 Eier
1 Prise Salz
50 g weiche Butter
400 g Mehl
Zum Bestreichen: Milch
Zum Bestreuen: Mohn
Für das Backblech:
Butter oder Butterschmalz

Braucht etwas Zeit

Pro Stück etwa:
1100 kJ/260 kcal
7 g Eiweiß · 10 g Fett
38 g Kohlenhydrate

- Zubereitungszeit: etwa 2 Stunden (davon 1 1/4 Stunden Ruhezeit und 25 Minuten Backzeit)

1. Die Hefe mit der Milch und 1 Teelöffel von dem Zucker verrühren, dann etwa 15 Minuten an einen warmen Ort stellen.

2. Den restlichen Zucker, die Eier und das Salz mit der Butter zur Hefemilch in eine Schüssel geben, das Mehl darüber sieben und etwa 10 Minuten mit den Händen oder auf niedrigster Stufe in der Küchenmaschine mit dem Kneteinsatz kneten. Den Teig zugedeckt an einer warmen Stelle etwa 45 Minuten gehen lassen, bis sich das Volumen verdoppelt hat.

3. Das Blech fetten. Den Backofen auf 200° vorheizen. Den Teig noch einmal kräftig kneten, in 10 gleiche Stücke teilen und Kugeln formen, diese mit Milch bestreichen, mit Mohn bestreuen und auf dem Backblech etwa 15 Minuten gehen lassen.

4. Dann die Mohnbrötchen im Backofen (Mitte) in etwa 25 Minuten backen.

5. Die fertigen Brötchen auf einem Kuchengitter auskühlen lassen.

Brioches

Zutaten für etwa 20 Briocheförmchen von 10 cm Ø:
1/2 Würfel Hefe (21 g)
100 ml lauwarme Milch
60 g Zucker
4 Eier
1 Prise Salz
120 g weiche Butter
450 g Mehl
Zum Formen: Mehl
Zum Bestreichen: Kondensmilch
Für die Förmchen:
Butter oder Butterschmalz

Braucht etwas Zeit

Pro Stück etwa:
670 kJ/160 kcal
3 g Eiweiß · 7 g Fett
21 g Kohlenhydrate

- Zubereitungszeit: etwa 4 Stunden (davon 3 Stunden Ruhezeit und 20 Minuten Backzeit)

1. Die Hefe mit der Milch und 1 Teelöffel von dem Zucker verrühren, dann etwa 15 Minuten an einem warmen Ort gehen lassen.

2. Die Eier, das Salz und die Butter mit dem Zucker zusammen schaumig rühren, die Hefemilch dazugeben, das Mehl darüber sieben und den Teig mindestens 5 Minuten kneten. Den Teig in einem geschlossenen Behälter für 2 Stunden in den Kühlschrank stellen.

3. Die Briocheförmchen gut fetten. Den Teig noch einmal kräftig kneten und in 20 Stücke teilen. Von diesen Stücken jeweils ein Viertel abtrennen und mit bemehlten Händen daraus jeweils eine kleine Kugel aus dem Viertel und eine größere aus dem übrigen Teig formen. Mit dem Finger in die große Kugel ein Loch drücken und in das Förmchen legen. In das Loch die kleine Kugel stecken. Die kleine Kugel sollte fast ganz im Teigring Platz finden.

4. Bei Zimmertemperatur etwa 1 Stunde zugedeckt gehen lassen. Dann den Backofen auf 200° vorheizen.

5. Die Oberfläche der Brioches mit Kondensmilch bestreichen, nicht aber die Stellen, an denen sich die Teige berühren oder das Förmchen berühren. Dann die Brioches in den Förmchen auf den Rost in den Backofen (Mitte) stellen und in etwa 20 Minuten backen.

Im Bild vorne: Brioches
Im Bild hinten: Mohnbrötchen

Hefetaschen

Zutaten für 10 Stück:
1/2 Würfel Hefe (21 g)
100 ml lauwarme Milch
5 Eßl. flüssiger Honig
2 Eier
1 Prise Salz
1 Eßl. Vanillezucker
80 g weiche Butter
200 g Mehl
150 g Vollkornmehl
Zum Ausrollen: etwas Mehl
Für die Füllung: Zwetschgenmarmelade
Zum Bestreichen: 1 Eigelb
Für das Backblech: Butter

Gelingt leicht

Pro Stück etwa:
1300 kJ/310 kcal
6 g Eiweiß · 9 g Fett
51 g Kohlenhydrate

- Zubereitungszeit: etwa 2 Stunden (davon 1 Stunde Ruhezeit und 25 Minuten Backzeit)

1. Die Hefe mit der Milch und 1 Teelöffel von dem Honig verrühren, dann etwa 15 Minuten an einen warmen Ort stellen.

2. Den restlichen Honig, die Eier, das Salz, den Vanillezucker und die Butter mit der Hefemilch verrühren. Die beiden Mehlsorten dazugeben und alles gut mischen.

3. Die Zutaten etwa 10 Minuten kneten. Den Teig zugedeckt etwa 30 Minuten gehen lassen.

4. Das Blech fetten. Den Teig noch einmal kneten. Dann auf einer leicht bemehlten Arbeitsfläche ausrollen und 10 Quadrate von 15 x 15 cm ausschneiden. Auf jedes Stück einen Teelöffel Marmelade setzen, die Ecken in der Mitte zusammenschlagen und mit dem Eigelb bestreichen.

5. Den Backofen auf 200° vorheizen. Die Taschen auf das Blech legen, etwa 15 Minuten gehen lassen.

6. Die Hefetaschen im Backofen (Mitte) in etwa 25 Minuten backen.

Nußschnecken

Zutaten für 30 Stück:
Für den Teig:
1/2 Würfel Hefe (21 g)
1/8 l lauwarme Milch
80 g Zucker
1 Ei
1 Prise Salz
400 g Mehl
60 g weiche Butter
Für die Füllung: 150 g gemahlene Haselnüsse
50 g Zucker
1 Eßl. Vanillezucker
1 Ei
Zum Ausrollen: etwas Mehl
Für die Glasur: 100 g Puderzucker
2 Teel. Zitronensaft
Für das Backblech: Butterschmalz

Für Gäste

Pro Stück etwa:
570 kJ/140 kcal
2 g Eiweiß · 5 g Fett
20 g Kohlenhydrate

- Zubereitungszeit: etwa 2 Stunden 20 Minuten (davon 1 1/2 Stunden Ruhezeit und 20 Minuten Backzeit)

1. Die Hefe mit der Milch und 1 Teelöffel von dem Zucker verrühren, dann etwa 15 Minuten an einen warmen Ort stellen.

2. Die Hefemilch, den restlichen Zucker, das Ei und das Salz verrühren. Das Mehl darüber sieben. Die Butter dazugeben und alles mischen. Den Teig etwa 10 Minuten kneten und zugedeckt an einer warmen Stelle etwa 1 Stunde gehen lassen.

3. Für die Füllung die Nüsse mit dem Zucker, dem Vanillezucker und dem Ei gut vermischen. Das Backblech fetten.

4. Den Teig noch einmal durchkneten und auf einer bemehlten Fläche etwa 40 x 40 cm groß ausrollen. Die Füllung darauf streichen. Eine Rolle formen, etwa 2 cm breite Stücke abschneiden, flachdrücken.

5. Den Backofen auf 200° vorheizen. Die Schnecken darauflegen und zugedeckt etwa 15 Minuten gehen lassen.

6. Die Nußschnecken im Backofen (Mitte) etwa 25 Minuten backen. Den Puderzucker mit dem Zitronensaft verrühren und die Schnecken damit bestreichen.

Bild oben: Hefetaschen
Bild unten: Nußschnecken

Krapfen

Was sich in Bayern Krapfen nennt, heißt weiter nördlich Berliner. Ganz egal: Sie schmekken phantastisch!

Zutaten für 16 Stück:
1 Würfel Hefe (42 g)
1/4 l lauwarme Milch
100 g Zucker
2 Eier
1 Prise Salz
100 g weiche Butter
600 g Mehl
Zum Ausrollen: etwas Mehl
Zum Füllen: Marmelade
Zum Bestreuen: Puderzucker
Für die Friteuse: Fett

Für Gäste
Gelingt leicht

Pro Stück etwa:
1200 kJ/290 kcal
5 g Eiweiß · 7 g Fett
52 g Kohlenhydrate

- Zubereitungszeit: etwa 2 Stunden 20 Minuten (davon 1 1/2 Stunden Ruhezeit)

1. Die Hefe mit der Milch und 1 Teelöffel von dem Zucker verrühren und an einem warmen Ort etwa 15 Minuten gehen lassen.

2. Den restlichen Zucker, die Eier und das Salz mit der Hefemilch in einer Rührschüssel verrühren, die Butter dazugeben, das Mehl darüber sieben und alles gründlich mischen.

3. Den Teig etwa 10 Minuten mit den Händen oder in der Küchenmaschine auf niedrigster Stufe mit dem Kneteinsatz kneten und zugedeckt an einer warmen Stelle etwa 45 Minuten gehen lassen, bis sich das Volumen verdoppelt hat.

4. Den Teig noch einmal kräftig durchkneten. Auf einer leicht bemehlten Arbeitsfläche etwa 1 cm dick ausrollen und mit einem Kaffeelöffel kleine Marmeladehäufchen auf einer Teighälfte verteilen. Den Teig zwischen den Häufchen befeuchten, die zweite Teighälfte über die Marmelade klappen, andrücken und mit einem Trinkglas Kreise ausstechen.

5. Die Krapfen etwa 30 Minuten gehen lassen. Dann das Fett in der Friteuse auf 175° vorheizen.

6. Jeweils 2 oder 3 Krapfen vorsichtig in die Friteuse geben und zugedeckt die erste Seite backen. Nach etwa 1 Minute die Krapfen umdrehen und ohne Deckel die zweite Seite backen, bis die Krapfen auf beiden Seiten goldbraun geworden sind.

7. Die Krapfen auf ein Kuchengitter geben und solange sie noch warm sind mit Puderzucker bestreuen.

Tip!

Wenn Sie nicht alle Krapfen mit Marmelade füllen möchten, dann formen Sie ungefähr 75 g schwere Kugeln, die Sie 30 Minuten gehen lassen. Dann in der Friteuse portionsweise von beiden Seiten 1 Minute backen. Nach dem Backen können Sie die Krapfen dann mit einer Gebäckspritze füllen und mit Puderzucker bestreuen.

Variante:
Aus'zogne

Aus dem Teig für Krapfen werden 16 gleichgroße Teigkugeln geformt. Diese Kugeln zugedeckt etwa 15 Minuten gehen lassen. Nach dem Gehen vorsichtig auseinanderziehen, so daß ein Rand entsteht, der Teig dazwischen aber sehr dünn wird. Dann sofort in das heiße Fett der Friteuse geben. Nach etwa 1 Minute umdrehen und die andere Seite ebenfalls 1 Minute backen. Zum Abkühlen auf ein Kuchengitter legen und mit Puderzucker bestreuen.

Krapfen schmecken nicht nur zur närrischen Zeit wunderbar. Aus dem gleichen Teig können Sie auch Aus'zogne (hinten) backen.

Hefewaffeln

Zutaten für 12 Stück:
1/2 Würfel Hefe (21 g)
1/8 l lauwarme Milch
70 g Zucker
200 g Sahne
2 Eier
1 Prise Salz
2 Eßl. Vanillezucker
60 g weiche Butter
350 g Mehl
Zum Bestreuen: Puderzucker
Für das Waffeleisen: Fett

Gelingt leicht

Pro Stück etwa:
1200 kJ/290 kcal
4 g Eiweiß · 11 g Fett
42 g Kohlenhydrate

- Zubereitungszeit: etwa 2 Stunden (davon 1 Stunde Ruhezeit und 45 Minuten Backzeit)

1. Die Hefe mit der Milch und 1 Teelöffel von dem Zucker verrühren, dann etwa 15 Minuten an einen warmen Ort stellen.

2. Die Sahne leicht schlagen. Die Eier mit dem Salz, dem restlichen Zucker und dem Vanillezucker schaumig schlagen. Mit der Hefemilch und der Sahne gut mischen, die Butter dazugeben, dann das Mehl darüber sieben und alles gut verkneten. Den Teig zugedeckt etwa 45 Minuten gehen lassen.

3. Das Waffeleisen erhitzen und fetten. Mit einem Eßlöffel etwas Teig in das Eisen geben und verstreichen. Die Form schließen und die Waffeln nach und nach jeweils in etwa 3 Minuten backen, bis sie braun und knusprig sind.

4. Die fertig gebackenen Waffeln auf einem Kuchengitter etwas abkühlen lassen. Die Waffeln mit einem scharfen Messer in Herzen trennen und die überstehenden Kanten abschneiden.

5. Die fertigen Waffelherzen mit Puderzucker bestreuen.

Süße Brezeln

Zutaten für 12 Stück:
1/2 Würfel Hefe (21 g)
1/4 l lauwarme Milch
100 g Zucker
1 Ei
1 Prise Salz
1 Eßl. Vanillezucker
80 g weiche Butter
650 g Mehl
Zum Bestreuen: 50 g gehackte Mandeln
Für das Backblech: Butterschmalz

Raffiniert

Pro Stück etwa:
580 kJ/140 kcal
2 g Eiweiß · 9 g Fett
12 g Kohlenhydrate

- Zubereitungszeit: etwa 2 3/4 Stunden (davon 1 1/4 Stunden Ruhezeit und 45 Minuten Backzeit)

1. Die Hefe mit der Milch und 1 Teelöffel von dem Zucker verrühren, dann etwa 15 Minuten an einen warmen Ort stellen.

2. Den restlichen Zucker, das Ei und das Salz mit dem Vanillezucker und der Hefemilch verrühren. Die Butter dazugeben, das Mehl darüber sieben und alles mindestens 10 Minuten mit den Händen oder in der Küchenmaschine auf der niedrigsten Stufe mit dem Kneteinsatz kneten.

3. Den Teig zugedeckt an einer warmen Stelle etwa 45 Minuten gehen lassen, bis sich das Volumen ungefähr verdoppelt hat.

4. Zwei Bleche fetten. Den Teig noch einmal kräftig kneten und in 12 gleiche Stücke teilen. Jedes Stück zu einem etwa 50 cm langen Strang rollen, der zum Ende hin dünner wird. Die Brezeln formen und auf die Bleche legen.

5. Den Backofen auf 200° vorheizen. Die Brezeln mit den Mandeln bestreuen und zugedeckt noch einmal 15 Minuten gehen lassen.

6. Die Brezeln im Backofen (Mitte) in etwa 25 Minuten backen. Dann herausnehmen und die Brezeln auf dem zweiten Blech ebenfalls in etwa 25 Minuten backen.

7. Die Brezeln auf einem Kuchengitter auskühlen lassen.

Im Bild vorne: Hefewaffeln
Im Bild hinten: Süße Brezeln

Zwieback

Zutaten für zwei Kastenformen
von je 22 cm Länge:
1/2 Würfel Hefe (21 g)
1/8 l lauwarme Milch
350 g Mehl
50 g Zucker
2 Eier
1 Prise Salz
1 Eßl. Vanillezucker
30 g weiche Butter
Für die Formen: Butterschmalz

Gelingt leicht

Bei 40 Stück pro Stück etwa:
230 kJ/55 kcal
1 g Eiweiß · 1 g Fett
10 g Kohlenhydrate

- Zubereitungszeit: etwa 3 1/4 Stunden (davon 2 Stunden Ruhezeit und 40 Minuten Backzeit)

1. Die Hefe mit der Milch, 200 g von dem Mehl und 2 Eßlöffeln von dem Zucker verrühren, dann etwa 30 Minuten an einen warmen Ort stellen.

2. Den restlichen Zucker, die Eier, das Salz, den Vanillezucker und die weiche Butter schaumig rühren, dann mit dem Vorteig verrühren. Das restliche Mehl darüber sieben und einige Minuten kneten. Den Teig zugedeckt an einer warmen Stelle etwa 1 Stunde gehen lassen.

3. Die Formen fetten. Den gegangenen Teig noch einmal kräftig durchkneten, dann in die Form einfüllen und nocheinmal etwa 30 Minuten gehen lassen.

4. Die Laibe im Backofen (unten) etwa 15 Minuten bei 200° backen, dann die Temperatur auf 175° reduzieren und die Laibe weitere 10 Minuten backen.

5. Die Laibe aus den Formen stürzen und auf einem Kuchengitter auskühlen lassen. Einige Stunden ruhen lassen.

6. Den Backofen auf 200° vorheizen, die Laibe in etwa 1 cm dicke Scheiben schneiden und auf jeder Seite etwa 6 Minuten backen.

Mohntaschen

Zutaten für 8 Stück:
Für den Teig:
1/2 Würfel Hefe (21 g)
100 ml lauwarme Milch
75 g Zucker
2 Eier
1 Prise Salz
50 g weiche Butter
400 g Mehl
Für die Füllung:
200 ml Milch
1 Teel. Speisestärke
100 g Mohn
50 g Zucker
100 g gemahlene Haselnüsse
50 g Rosinen
50 g Korinthen
Zum Ausrollen: etwas Mehl
Zum Bestreichen: Kondensmilch
Für das Backblech: Butterschmalz

Raffiniert

Pro Stück etwa:
2200 kJ/520 kcal
11 g Eiweiß · 21 g Fett
69 g Kohlenhydrate

- Zubereitungszeit: etwa 2 1/4 Stunden (davon 1 1/4 Stunden Ruhezeit und 25 Minuten Backzeit)

1. Die Hefe mit der Milch und 1 Teelöffel von dem Zucker verrühren, dann etwa 15 Minuten an einen warmen Ort stellen.

2. Den restlichen Zucker, die Eier und das Salz mit der Hefemilch verrühren. Die Butter dazugeben. Das Mehl darüber sieben und alles gut mischen. Die Zutaten etwa 10 Minuten kneten, zugedeckt etwa 45 Minuten gehen lassen.

3. Für die Füllung 2 Eßlöffel von der Milch abnehmen und die Speisestärke darin auflösen. Den Mohn mit der restlichen Milch und dem Zucker aufkochen. Die Speisestärke dazugießen und kurz aufkochen. Die Haselnüsse, die Rosinen und die Korinthen untermischen.

4. Das Blech fetten. Den Teig durchkneten, auf einer bemehlten Arbeitsfläche etwa 1/2 cm dick ausrollen und 8 Rechtecke ausschneiden. Die Mohnmasse auf die Rechtecke streichen, die Taschen zusammenklappen. Dann auf das Blech legen und etwa 15 Minuten gehen lassen. Den Backofen auf 200° vorheizen.

5. Die Taschen mit Kondensmilch bestreichen, im Backofen (Mitte) etwa 20 Minuten backen.

Im Bild hinten: Mohntaschen
Im Bild vorne: Zwieback

Bienenstich

Zutaten für ein Backblech von etwa 30 x 40 cm:
Für den Teig:
1/2 Würfel Hefe (21 g)
1/8 l lauwarme Milch
180 g Zucker
120 g weiche Butter
1 Ei
1 Prise Salz
400 g Mehl
Für den Belag:
100 g Sahne
3 Eßl. Milch
2 Eßl. Speisestärke
200 g gehobelte Mandeln
Für die Füllung:
1/2 l Milch
100 g Zucker
1 Eßl. Vanillezucker
50 g Speisestärke
3 Eier
4 Blatt Gelatine
Für das Backblech:
Butter oder Butterschmalz

Für Gäste
Etwas schwierig

Bei 24 Stück pro Stück etwa:
950 kJ/230 kcal
5 g Eiweiß · 12 g Fett
23 g Kohlenhydrate

- Zubereitungszeit: etwa 2 1/4 Stunden (davon 1 1/4 Stunden Ruhezeit und 25 Minuten Backzeit)

1. Die Hefe mit der Milch und 1 Teelöffel von dem Zucker verrühren, dann etwa 15 Minuten an einem warmen Ort gehen lassen. Die Hälfte von dem übrigen Zucker und die Hälfte von der Butter, das Ei und das Salz mit der Hefemilch in einer Rührschüssel verrühren. Das Mehl darüber sieben und alles gründlich mischen.

2. Die Zutaten etwa 10 Minuten mit den Händen oder auf der niedrigsten Stufe in der Küchenmaschine mit dem Kneteinsatz kneten. Dann den Teig zugedeckt an einer warmen Stelle etwa 30 Minuten gehen lassen.

3. Für den Belag den übrigen Zucker und die restliche Butter mit der Sahne in einem Topf köcheln lassen. Die Milch und die Speisestärke verrühren, dazugeben und kurz aufkochen. Dann die Mandeln unterrühren, von der Herdplatte nehmen und abkühlen lassen.

4. Das Blech fetten. Den Teig noch einmal sehr gut durchkneten, dann auf das Blech ausrollen. Mit der abgekühlten Mandelmasse bestreichen und zugedeckt etwa 30 Minuten gehen lassen. Dann im Backofen (Mitte) bei 200° etwa 25 Minuten backen.

5. Inzwischen für die Füllung von der Milch 3 Eßlöffel abnehmen. Die übrige Milch mit dem Zucker und dem Vanillezucker aufkochen. Die Speisestärke in die kalte Milch rühren. Die Eier trennen. Die angerührte Speisestärke in die heiße Milch geben und die Eigelbe einrühren. Die Gelatine einweichen, ausdrücken und unterrühren.

6. Die Masse abkühlen lassen. Die 3 Eiweiße steif schlagen. Den abgekühlten Milchschaum löffelweise unter das Eiweiß ziehen.

7. Den Kuchen nach Ende der Backzeit noch warm längs in 10 cm breite Streifen schneiden. Diese waagerecht durchschneiden und die oberen Stücke quer in jeweils 5 cm große Stücke schneiden.

8. Die unteren Teile wieder auf das Blech legen, mit der Füllung bestreichen und die oberen Stücke darauf legen. Etwa 30 Minuten festigen lassen, dann durchschneiden.

Tip!

Auch ohne Füllung schmeckt dieser Teig köstlich und er ist im Nu fertig. Für Kindergeburtstage können Sie den Kuchen auch mit Schokoladen- oder auch mit Erdbeerpudding füllen.

Apfelkuchen mit Sahneguß

Zutaten für eine flache Kuchenform
von 24 cm Ø:
Für den Teig:
1/2 Würfel Hefe (21 g)
100 ml lauwarme Milch
80 g Zucker
1 Ei
1 Prise Salz
1 Eßl. Vanillezucker
50 g weiche Butter
400 g Mehl
Für den Belag:
400 g Äpfel (Boskop)
1 Eßl. Zitronensaft
50 g Rosinen
50 g Zucker
Für den Guß:
100 g Sahne
1 Teel. Zucker
1 Messerspitze gemahlener Zimt
Für die Backform:
Butter oder Butterschmalz

Für Gäste
Gelingt leicht

Bei 16 Stück pro Stück etwa:
860 kJ/200 kcal
3 g Eiweiß · 6 g Fett
36 g Kohlenhydrate

- Zubereitungszeit: etwa 2 Stunden (davon 1 Stunde Ruhezeit und 30 Minuten Backzeit)

1. Die Hefe mit der Milch und 1 Teelöffel von dem Zucker verrühren, dann etwa 15 Minuten an einen warmen Ort stellen.

2. Den restlichen Zucker, das Ei und das Salz mit der Hefemilch in einer Rührschüssel verrühren. Den Vanillezucker und die Butter dazugeben. Das Mehl darüber sieben und alles gründlich mischen.

3. Die Zutaten etwa 10 Minuten mit den Händen oder in der Küchenmaschine auf niedrigster Stufe mit dem Kneteinsatz kneten. Dann den Teig zugedeckt an einer warmen Stelle etwa 45 Minuten gehen lassen, bis sich sein Volumen verdoppelt hat.

4. Inzwischen die Äpfel schälen, von den Kerngehäusen befreien und in Spalten schneiden. In einen Topf mit 2 Eßlöffeln Wasser und dem Zitronensaft geben, die Rosinen und den Zucker dazugeben, einmal aufkochen und dann ziehen lassen.

5. Die Form fetten. Den Backofen auf 200° vorheizen.

6. Den Teig noch einmal kräftig kneten und auf dem Boden und am Rand der Form verteilen. Die Apfelmasse gleichmäßig auf dem Teig verteilen.

7. Die Form auf den Rost in den Backofen (Mitte) stellen und den Kuchen etwa 20 Minuten backen.

8. Inzwischen für den Guß die Sahne mit dem Zucker und dem Zimt mischen und leicht schlagen.

9. Nach etwa 20 Minuten Backzeit den Kuchen mit der Sahnemischung übergießen und weitere 10 Minuten backen.

10. Den Kuchen auf einem Kuchengitter abkühlen lassen.

Tip!

Sie können den Teig auch auf mehrere kleine Auflaufförmchen verteilen und backen. In diesem Fall verkürzt sich die Backzeit um etwa 10 Minuten. Dieses herrliche warme Dessert schmeckt auch abgekühlt sehr gut. Außerdem können Sie den Kuchen noch mit Mandelblättchen und Schlagsahne dekorieren.

Der Apfelkuchen mit Sahneguß gelingt leicht und schmeckt unwiderstehlich gut.

Käsekuchen

Zutaten für eine Springform von 22 cm Ø:

Für den Teig:
- *1/4 Würfel Hefe (10 g)*
- *4 Eßl. lauwarme Milch*
- *4 Eßl. Zucker*
- *1 Ei*
- *1 Prise Salz*
- *1 Teel. Vanillezucker*
- *2 Eßl. weiche Butter*
- *180 g Mehl*

Für den Belag:
- *4 Eier*
- *500 g Quark*
- *150 g Zucker*
- *50 g Speisestärke*
- *100 ml Milch*
- *1 Eßl. Vanillezucker*
- *abgeriebene Schale von 1 unbehandelten Zitrone*

Für die Form: Butterschmalz

Gelingt leicht

Bei 14 Stück pro Stück etwa:
930 kJ/220 kcal
8 g Eiweiß · 6 g Fett
35 g Kohlenhydrate

- Zubereitungszeit: etwa 2 Stunden (davon 45 Minuten Ruhezeit und 1 Stunde Backzeit)

1. Die Hefe mit der Milch und 1 Messerspitze von dem Zucker verrühren, dann etwa 15 Minuten warm stellen.

2. Den restlichen Zucker, das Ei und das Salz mit der Hefemilch in einer Rührschüssel verrühren. Den Vanillezucker und die Butter dazugeben. Das Mehl darüber sieben und alles gründlich mischen.

3. Die Zutaten etwa 10 Minuten kneten. Den Teig zugedeckt warm stellen und etwa 45 Minuten gehen lassen, bis sich sein Volumen verdoppelt hat.

4. Inzwischen für den Belag die Eier trennen. Das Eiweiß mit 2 Eßlöffeln von dem Zucker steif schlagen und beiseite stellen. Das Eigelb mit dem Quark und dem restlichen Zucker verrühren. Die Speisestärke in der Milch verrühren und mit dem Vanillezucker und der Zitronenschale zusammen in die Quarkmasse rühren, dann den Eischnee unterziehen.

5. Die Form fetten, den Backofen auf 220° vorheizen. Den Teig kneten, ausrollen und in die Form geben.

6. Die Käsemasse einfüllen. und im Backofen (Mitte) etwa 15 Minuten backen. Die Temperatur auf 150° reduzieren, weitere 45 Minuten backen.

Napfkuchen

Zutaten für eine Guglhupfform von 22 cm Ø:
- *1/2 Würfel Hefe (21 g)*
- *1/8 l lauwarme Milch*
- *60 g Zucker*
- *350 g Mehl*
- *1 Eßl. Vanillezucker*
- *1 Ei*
- *1 Prise Salz*
- *40 g Butter*
- *200 g Rosinen*
- *150 g Kuvertüre*

Für die Form: Butterschmalz

Für Gäste

Bei 15 Stück pro Stück etwa:
940 kJ/220 kcal
4 g Eiweiß · 6 g Fett
39 g Kohlenhydrate

- Zubereitungszeit: etwa 2 1/4 Stunden (davon 1 1/2 Stunden Ruhezeit und 30 Minuten Backzeit)

1. Die Hefe mit der Milch und dem Zucker verrühren, dann das Mehl darüber sieben, mit den restlichen Zutaten gründlich mischen.

2. Den Teig einige Minuten kneten. Dann zugedeckt an einer warmen Stelle etwa 1 Stunde gehen lassen.

3. Die Form fetten. Den Teig noch einmal kräftig kneten und einfüllen. Wieder etwa 30 Minuten gehen lassen. Den Backofen auf 200° vorheizen.

4. Den Kuchen im Backofen (Mitte) in etwa 30 Minuten backen.

5. Inzwischen die Kuvertüre schmelzen, dann den fertigen Kuchen damit überziehen.

IIm Bild vorne: Käsekuchen
Im Bild hinten: Napfkuchen

Gedeckter Apfelkuchen

Zutaten für eine Springform von
22 cm Ø:
Für den Teig:
1/2 Würfel Hefe (21 g)
1/8 l lauwarme Milch
75 g Zucker
1 Ei
1 Prise Salz
1/2 Teel. Zitronensaft
400 g Mehl
60 g weiche Butter
Für den Belag:
1 kg Äpfel (Boskop)
100 g Rosinen
Für die Form: Butterschmalz
Zum Ausrollen: Mehl
Zum Bestreichen: Kondensmilch

Raffiniert

Bei 14 Stück pro Stück etwa:
910 kJ/220 kcal
3 g Eiweiß · 5 g Fett
40 g Kohlenhydrate

- Zubereitungszeit: etwa 2 1/2 Stunden (davon 1 Stunde Ruhezeit und 30 Minuten Backzeit)

1. Die Hefe mit der Milch und 1 Teelöffel von dem Zucker verrühren, dann etwa 15 Minuten an einen warmen Ort stellen.

2. Den restlichen Zucker, das Ei, das Salz und den Zitronensaft mit der Hefemilch verrühren. Das Mehl darüber sieben, die Butter dazugeben und mindestens 10 Minuten kneten. Dann den Teig zugedeckt etwa 45 Minuten gehen lassen, bis sich sein Volumen ungefähr verdoppelt hat.

3. Die Form fetten. Den Teig noch einmal kräftig kneten, mit etwa zwei Dritteln der Teigmenge die Form auslegen und einen schmalen Rand formen.

4. Die Äpfel waschen, schälen, von den Kerngehäusen befreien und in dünne Scheiben schneiden. Mit den Rosinen in die Form geben. Den restlichen Teig ausrollen und auf den Belag legen. Mit einem Trinkhalm Löcher in den Teigdeckel stechen, damit beim Backen der Dampf entweichen kann. Den Teig in der Form etwa 15 Minuten zugedeckt gehen lassen. Den Backofen auf 200° vorheizen.

5. Den Kuchen mit Kondensmilch bestreichen, dann die Form auf den Rost in den Backofen (unten) stellen und etwa 30 Minuten backen.

Zwetschgendatschi

Zutaten für ein Backblech:
Für den Teig:
1/2 Würfel Hefe (21 g)
200 ml lauwarme Milch
60 g Zucker
1 Ei
1 Prise Salz
60 g weiche Butter
400 g Mehl
Für den Belag: 1 kg Zwetschgen
Zum Bestreuen: 100 g gehackte
Mandeln · Zimt und Zucker
Für das Backblech: Butterschmalz

Braucht etwas Zeit

Bei 12 Stück pro Stück etwa:
1300 kJ/310 kcal
6 g Eiweiß · 10 g Fett
46 g Kohlenhydrate

- Zubereitungszeit: etwa 2 3/4 Stunden (davon 1 1/2 Stunden Ruhezeit und 30 Minuten Backzeit)

1. Die Hefe mit der Milch und 1 Teelöffel Zucker verrühren, dann etwa 15 Minuten an einen warmen Ort stellen.

2. Den restlichen Zucker, das Ei und das Salz mit der Hefemilch in einer Schüssel verrühren, die Butter dazugeben und das Mehl darüber sieben.

3. Die Zutaten einige Minuten kneten, dann den Teig zugedeckt an einer warmen Stelle etwa 45 Minuten gehen lassen.

4. Das Blech fetten, den Teig noch einmal kräftig kneten und auf dem Blech ausrollen.

5. Die Zwetschgen waschen, halbieren und entsteinen. Beim Halbieren der Zwetschgen darauf achten, daß die Frucht nicht ganz durchgeschnitten wird. Die Zwetschgen fächerartig, dicht nebeneinander auf den Teig legen. Mit den Mandeln, Zucker und Zimt bestreuen. Zugedeckt etwa 30 Minuten gehen lassen. Im Backofen (Mitte) bei 200° in etwa 35 Minuten backen.

Im Bild vorne: Zwetschgendatschi
Im Bild hinten:
Gedeckter Apfelkuchen

Aprikosen-Quark-Kuchen

Zutaten für ein Backblech:
Für den Teig:
1/2 Würfel Hefe (21 g)
200 ml lauwarme Milch
40 g Zucker
2 Eier
1 Prise Salz
60 g weiche Butter
450 g Mehl
Zum Bestreichen: Kondensmilch
Für den Belag:
250 g Quark
50 g Zucker
1 Eßl. Vanillezucker
2 Eßl. Milch
500 g frische Aprikosen oder Aprikosen aus der Dose (2 Dosen à 480 g Abtropfgewicht)
Zum Bestreuen:
50 g gehobelte Mandeln
Für das Backblech: Butterschmalz

Gelingt leicht

Bei 18 Stück pro Stück etwa:
860 kJ/200 kcal
6 g Eiweiß · 6 g Fett
32 g Kohlenhydrate

- Zubereitungszeit: etwa 2 1/2 Stunden (davon 1 1/4 Stunden Ruhezeit und 25 Minuten Backzeit)

1. Die Hefe mit der Milch und 1 Teelöffel von dem Zucker verrühren und etwa 15 Minuten an einem warmen Ort gehen lassen.

2. Den restlichen Zucker, die Eier und das Salz mit der Hefemilch verrühren, die Butter dazugeben, das Mehl darüber sieben und alles gründlich miteinander mischen.

3. Die Zutaten etwa 10 Minuten kneten. Den Teig zugedeckt an einer warmen Stelle etwa 1 Stunde gehen lassen.

4. Das Blech fetten. Den Teig darauf ausrollen. Einen kleinen Rand formen und mit der Kondensmilch bestreichen.

5. Für den Belag den Quark mit dem Zucker, dem Vanillezucker und der Milch verrühren. Die Quarkmasse auf dem Teig verteilen.

6. Die Aprikosen waschen, entsteinen, in Spalten schneiden, auf dem Quark verteilen. Die Mandeln über den Kuchen streuen, etwa 15 Minuten gehen lassen. Bei 200° im Backofen (Mitte) etwa 25 Minuten backen.

Butterkuchen

Zutaten für ein Backblech:
Für den Teig:
1/2 Würfel Hefe (21 g)
100 ml lauwarme Milch
75 g Zucker
2 Eier
1 Prise Salz
1 Eßl. Vanillezucker
250 g Mehl
150 g Vollkornmehl
50 g weiche Butter
Für den Belag: 100 g Butter
Zimt und Zucker
Für das Backblech: Butterschmalz

Gelingt leicht

Bei 24 Stück pro Stück etwa:
550 kJ/130 kcal
2 g Eiweiß · 6 g Fett
17 g Kohlenhydrate

- Zubereitungszeit: etwa 1 3/4 Stunden (davon 1 Stunde Ruhezeit und 30 Minuten Backzeit)

1. Die Hefe mit der Milch und 1 Teelöffel von dem Zucker verrühren und etwa 15 Minuten an einen warmen Ort stellen.

2. Den restlichen Zucker, die Eier und das Salz mit der Hefemilch in einer Schüssel verrühren. Das Mehl darüber sieben. Die Butter dazugeben und alles etwa 10 Minuten kneten.

3. Den Teig zugedeckt an einer warmen Stelle etwa 30 Minuten gehen lassen, bis sich das Volumen ungefähr verdoppelt hat.

4. Das Blech fetten. Den Teig noch einmal kräftig durchkneten und auf dem Blech ausrollen, einen leichten Rand formen. Alle 2 cm eine Vertiefung in den Teig drücken.

5. Den Backofen auf 200° vorheizen. Die Butter schaumig rühren und die Vertiefungen damit füllen. Zimt und Zucker darüber streuen und etwa 15 Minuten gehen lassen. Dann im Backofen (Mitte) etwa 30 Minuten backen.

Bild oben: Aprikosen-Quark-Kuchen
Bild unten: Butterkuchen

Streusel-kuchen

Zutaten für eine runde Form von 28 cm Ø:
Für den Teig:
1/2 Würfel Hefe (21 g)
100 ml lauwarme Milch
75 g Zucker
1 Prise Salz
1 Eßl. Vanillezucker
40 g weiche Butter
300 g Mehl
Für den Belag:
100 g Johannisbeergelee
100 g Mehl
100 g gemahlene Haselnüsse
60 g Zucker
80 g Butter
Zum Bestreichen: Kondensmilch
Für die Backform: Butterschmalz

Braucht etwas Zeit

Bei 16 Stück pro Stück etwa:
1000 kJ/240 kcal
3 g Eiweiß · 10 g Fett
35 g Kohlenhydrate

- Zubereitungszeit: etwa 2 1/4 Stunden (davon 1 1/4 Stunden Ruhezeit und 30 Minuten Backzeit)

1. Die Hefe mit der Milch und 1 Teelöffel von dem Zucker verrühren, etwa 15 Minuten warm stellen.

2. Den restlichen Zucker, das Salz und den Vanillezucker mit der Hefemilch und der Butter verrühren. Das Mehl darüber sieben. Den Teig mindestens 10 Minuten kneten und zugedeckt etwa 45 Minuten gehen lassen.

3. Die Form fetten. Den Teig kräftig kneten und in der Form verteilen. Das Johannisbeergelee auf den Teig streichen.

4. Das Mehl in eine Schüssel sieben, die Nüsse, den Zucker und die in Würfel geschnittene Butter dazugeben. Alles zwischen den Händen verreiben, bis Streusel entstehen.

5. Den Backofen auf 200° vorheizen. Die Streusel auf dem Teig in der Form verteilen und etwa 15 Minuten gehen lassen. Dann im Backofen (Mitte) etwa 30 Minuten backen.

Rosenkuchen

Zutaten für eine Springform von 26 cm Ø:
Für den Teig:
1/2 Würfel Hefe (21 g)
1/4 l lauwarme Milch
100 g Zucker
2 Eier
1 Prise Salz
600 g Mehl
80 g weiche Butter
Für die Füllung:
200 g gemahlene Mandeln
80 g Zucker
1 Eßl. Vanillezucker
8 Eßl. Milch
1 Teel. Kakao
Für die Form: Butterschmalz
Zum Bestreichen: Kondensmilch
Für die Arbeitsfläche: Mehl

Etwas schwierig

Bei 18 Stück pro Stück etwa:
1200 kJ/290 kcal.
6 g Eiweiß · 11 g Fett
40 g Kohlenhydrate

- Zubereitungszeit: etwa 2 3/4 Stunden (davon 1 1/2 Stunden Ruhezeit und 45 Minuten (Backzeit)

1. Die Hefe mit der Milch und 1 Teelöffel von dem Zucker verrühren, dann etwa 15 Minuten warm stellen.

2. Die Hefemilch, den restlichen Zucker, die Eier und das Salz verrühren. Das Mehl darüber sieben. Die Butter dazugeben und alles gründlich mischen.

3. Die Zutaten etwa 10 Minuten kneten. Den Teig zugedeckt an einer warmen Stelle etwa 1 Stunde gehen lassen.

4. Inzwischen für die Füllung die Mandeln mit dem Zucker, dem Vanillezucker, der Milch und dem Kakao mischen. Die Form fetten.

5. Den Teig kneten und auf einer leicht bemehlten Fläche zu einem Rechteck von etwa 30 x 50 cm ausrollen. Die Füllung gleichmäßig darauf verstreichen. Eine Rolle von etwa 50 cm Länge formen und in 12 gleich große Stücke schneiden. Dann in die Form stellen und zugedeckt etwa 15 Minuten warm stellen. Den Backofen auf 200° vorheizen. Die Teigstücke mit Kondensmilch bestreichen und im Backofen (Mitte) etwa 45 Minuten backen.

Im Bild vorne: Streuselkuchen
Im Bild hinten: Rosenkuchen

Zwiebelkuchen

Zutaten für ein Backblech:
Für den Teig:
1/2 Würfel Hefe (21 g)
200 ml lauwarmes Wasser
1 Teel. Zucker
1 Teel. Salz
70 g weiche Butter
150 g Mehl
200 g Vollkornmehl
Für den Belag:
500 g Zwiebeln
50 g durchwachsener Speck
1 Eßl. Olivenöl
200 g Crème fraîche
3 Eier
Salz
Kümmel
Für das Backblech: Butterschmalz

Gut vorzubereiten

Bei 18 Stück pro Stück etwa:
800 kJ/190 kcal
4 g Eiweiß · 12 g Fett
16 g Kohlenhydrate

- Zubereitungszeit: etwa 2 1/4 Stunden (davon 1 1/4 Stunden Ruhezeit und 25 Minuten Backzeit)

1. Die Hefe in einer Schüssel mit dem Wasser und dem Zucker verrühren, dann etwa 15 Minuten an einen warmen Ort stellen.

2. Das Salz mit der Hefemilch verrühren und die Butter dazugeben. Die Mehlsorten mischen und in die Schüssel geben. Alles etwa 10 Minuten kneten. Den Teig zugedeckt etwa 45 Minuten an einer warmen Stelle gehen lassen.

3. Die Zwiebeln schälen und in dünne Scheiben hobeln. Den Speck würfeln und mit dem Öl auslassen. Die Zwiebeln dazugeben und glasig werden lassen.

4. Das Blech fetten. Den Teig noch einmal kräftig durchkneten und auf das Backblech ausrollen. Dabei einen leichten Rand formen. Die Zwiebeln auf den Teig geben. Die Crème fraîche mit den Eiern leicht verrühren, kräftig würzen und über die Zwiebeln verteilen.

5. Den Backofen auf 200° vorheizen. Den Kuchen etwa 15 Minuten gehen lassen. Im Backofen (Mitte) etwa 25 Minuten backen.

Kümmel-Käsekuchen

Zutaten für ein Backblech:
Für den Teig:
1/2 Würfel Hefe (21 g)
200 ml lauwarmes Wasser
1 Teel. Honig · 1 Teel. Salz
60 g weiche Butter
400 g Vollkornmehl
Für den Belag:
200 g saure Sahne
3 Eier
250 g frisch geriebener Gouda oder Emmentaler
Salz · Pfeffer, frisch gemahlen
etwas gemahlener Kümmel
3 Teel. ganzer Kümmel
Für das Backblech: Butterschmalz

Braucht etwas Zeit

Bei 18 Stück pro Stück etwa:
730 kJ/170 kcal
8 g Eiweiß · 10 g Fett
14 g Kohlenhydrate

- Zubereitungszeit: etwa 2 1/4 Stunden (davon 1 1/4 Stunden Ruhezeit und 25 Minuten Backzeit)

1. Die Hefe in einer Schüssel mit dem Wasser und dem Honig verrühren, dann etwa 15 Minuten warm stellen.

2. Das Salz mit der Hefemilch in einer Schüssel verrühren, die Butter und das Mehl dazugeben. Alles gründlich mischen und einige Minuten kneten. Den Teig zugedeckt etwa 45 Minuten an einer warmen Stelle gehen lassen.

3. Das Blech fetten. Den Teig durchkneten und auf dem Backblech ausrollen. Dabei einen schmalen Rand formen.

4. Den Backofen auf 200° vorheizen. Den Kuchen etwa 15 Minuten gehen lassen.

5. Für den Belag die saure Sahne gut mit den Eiern verrühren, den Käse in kleine Würfel schneiden und dazugeben. Kräftig würzen und über den Teig verteilen, den Kümmel darüber streuen.

6. Den Kuchen im Backofen (Mitte) etwa 25 Minuten backen und sofort servieren.

Im Bild vorne: Kümmel-Käsekuchen
Im Bild hinten: Zwiebelkuchen

Calzoni mit Hackfleisch

Zutaten für 12 Stück:
Für den Teig:
1/2 Würfel Hefe (21 g)
8 Eßl. lauwarmes Wasser
1 Teel. Zucker
1 Ei
1/2 Teel. Salz
3 Eßl. weiche Butter
250 g Mehl
Für die Füllung:
100 g Lauch
100 g Champignons
100 g geschälte Tomaten aus der Dose
1 mittelgroße Zwiebel
2 Eßl. Olivenöl
300 g gemischtes Hackfleisch
50 g frisch geriebener Gouda
Salz
Pfeffer, frisch gemahlen
etwas getrockneter Thymian und Estragon
Zum Ausrollen: etwas Mehl
Für die Backform:
Butter oder Butter-schmalz

Raffiniert

Pro Stück etwa:
1000 kJ/240 kcal
9 g Eiweiß · 15 g Fett
19 g Kohlenhydrate

- Zubereitungszeit: etwa 2 Stunden (davon 45 Minuten Ruhezeit und 30 Minuten Backzeit)

1. Die Hefe in einer Schüssel mit dem Wasser und dem Zucker verrühren und etwa 15 Minuten gehen lassen. Das Ei trennen. Das Eigelb und das Salz mit der Butter und dem Hefewasser verrühren. Das Mehl darüber sieben und alles einige Minuten kneten, zugedeckt etwa 30 Minuten gehen lassen.

2. Den Lauch und die Pilze waschen, putzen und in dünne Scheiben schneiden. Die Tomaten und die Zwiebel würfeln. Das Öl erhitzen und die Zwiebel darin glasig werden lassen. Das Hackfleisch dazugeben und etwa 5 Minuten anbraten. Das Gemüse dazugeben und würzen.

3. Den Backofen auf 220° vorheizen. Das Blech fetten. Den Teig noch einmal durchkneten und in 12 gleich große Stücke teilen. Jedes Teigstück auf einer bemehlten Fläche etwa handflächengroß ausrollen, mit einer Portion Hackfleisch bestreichen und etwas von dem Käse darüber streuen.

4. Das Eiweiß leicht schlagen, die Teigränder damit bestreichen und den Teig über der Füllung zuklappen. Dann auf das Blech legen und im Backofen (Mitte) etwa 30 Minuten backen.

Pizza

Zutaten für ein Blech:
Für den Teig:
1/2 Würfel Hefe (21 g)
1/8 l lauwarmes Wasser
1 Teel. Zucker
1/2 Teel. Salz
6 Eßl. Olivenöl
250 g Mehl
Für den Belag:
2 Eßl. Tomatenmark
300 g geschälte Tomaten aus der Dose
100 g gekochter Schinken
50 g Artischockenherzen (in Öl eingelegt)
100 g Oliven (ohne Stein)
Salz
Pfeffer, frisch gemahlen
etwas getrockneter Oregano
150 g Mozzarella
Für das Backblech:
Butter oder Butterschmalz

Braucht etwas Zeit
Raffiniert

Bei 16 Stück pro Stück etwa:
790 kJ/190 kcal
5 g Eiweiß · 12 g Fett
15 g Kohlenhydrate

- Zubereitungszeit: etwa 2 Stunden (davon 1 Stunde Ruhezeit und 30 Minuten Backzeit)

1. Die Hefe in einer Schüssel mit dem Wasser und dem Zukker verrühren, dann etwa 15 Minuten an einem warmen Ort gehen lassen. Das Hefewasser mit dem Salz, dem Öl und dem Mehl gründlich verkneten. Den Teig zugedeckt an einer warmen Stelle etwa 45 Minuten gehen lassen, bis sich das Volumen verdoppelt hat.

2. Das Blech fetten. Den Teig noch einmal kräftig kneten, auf dem Blech ausrollen und einen kleinen Rand formen. Das Tomatenmark gleichmäßig auf dem Teig verteilen.

3. Die Tomaten in kleine Stükke, den Schinken in schmale Streifen schneiden und darüber verteilen. Die Artischockenherzen achteln, die Oliven und den Mozzarella in Scheiben schneiden und auf die Pizza legen. Mit den Gewürzen bestreuen.

4. Die Pizza im Backofen (Mitte) bei 200° etwa 30 Minuten backen.

Broccolikuchen

Zutaten für eine Form von 28 cm Ø:
Für den Teig:
1/4 Würfel Hefe (10 g)
4 Eßl. warmes Wasser
1 Teel. Zucker · 1 Ei
Salz · 2 Eßl. weiche Butter
180 g Mehl
Für die Füllung:
600 g Broccoli
100 g gekochter Schinken
2 Eier
100 g Sahne oder Crème fraîche
1 Teel. Zitronensaft
100 g frisch geriebener Emmentaler
Pfeffer, frisch gemahlen
getrockneter Thymian und Estragon
Salz
Für die Form: Butterschmalz

Gut vorzubereiten

Bei 8 Stück pro Stück etwa:
1200 kJ/290 kcal
14 g Eiweiß · 16 g Fett
22 g Kohlenhydrate

- Zubereitungszeit: etwa 2 1/2 Stunden (davon 1 Stunde Ruhezeit und 30 Minuten Backzeit)

1. Die Hefe mit dem Wasser und dem Zucker verrühren und etwa 15 Minuten warm stellen.

2. Das Ei und Salz mit der Butter und dem Hefewasser verrühren. Das Mehl darüber sieben und etwa 10 Minuten kneten. Zugedeckt etwa 45 Minuten gehen lassen.

3. Den Broccoli waschen, putzen und in kleine Röschen teilen, dann im kochenden Salzwasser etwa 5 Minuten garen, abtropfen lassen. Den Schinken würfeln. Den Backofen auf 200° vorheizen.

4. Die Form ausfetten. Den Teig durchkneten und die Form damit auslegen. Den Broccoli und den Schinken auf dem Teig verteilen. Die Eier, die Sahne und den Zitronensaft gut verquirlen, den Käse dazugeben, alles würzen und darüber gießen. Im Backofen etwa 30 Minuten goldbraun backen.

Paprikakuchen

Zutaten für eine Form von 28 cm Ø:
Für den Teig:
1/4 Würfel Hefe (10 g)
4 Eßl. lauwarmes Wasser
1 Teel. Zucker · 1 Ei
Salz · 2 Eßl. weiche Butter
180 g Mehl
Für die Füllung:
500 g rote, gelbe und grüne Paprikaschoten · 1 mittelgroße Zwiebel
2 Eßl. Olivenöl
200 g Putenschnitzel · 1 Ei
100 g Sahne oder Crème fraîche
1 Teel. Zitronensaft
50 g frisch geriebener Gouda
Salz · Pfeffer, frisch gemahlen
etwas getrockneter Majoran
Paprikapulver, edelsüß
Für die Form: Butterschmalz

Für Gäste

Bei 8 Stück pro Stück etwa:
1300 kJ/310 kcal
12 g Eiweiß · 18 g Fett
23 g Kohlenhydrate

- Zubereitungszeit: etwa 2 1/2 Stunden (davon 1 Stunde Ruhezeit und 30 Minuten Backzeit)

1. Die Hefe in einer Schüssel mit dem Wasser und dem Zucker verrühren und etwa 15 Minuten warm stellen.

2. Das Ei und Salz mit der Butter und dem Hefewasser verrühren. Das Mehl darüber sieben und etwa 10 Minuten kneten. Zugedeckt etwa 45 Minuten gehen lassen.

3. Inzwischen die Paprikaschoten waschen und putzen, dann vierteln und in schmale Streifen schneiden. Die Zwiebel würfeln. Das Öl erhitzen und die Zwiebeln darin glasig dünsten.

4. Die Putenschnitzel in Streifen schneiden und etwa 2 Minuten anbraten, die Paprikastreifen dazugeben und etwa 1 Minute mitbraten. Den Backofen auf 200° vorheizen.

5. Die Form fetten. Den Teig durchkneten, die Form damit auslegen und das Gemüse darauf verteilen. Das Ei, die Sahne und den Zitronensaft verquirlen. Den Käse dazugeben, würzen und alles über das Gemüse gießen. Im Backofen (Mitte) etwa 30 Minuten goldgelb backen.

Im Bild vorne: Paprikakuchen
Im Bild hinten: Broccolikuchen

REZEPT- UND SACHREGISTER

Zum Gebrauch
Damit Sie Rezepte mit bestimmten Zutaten noch schneller finden können, stehen in diesem Register zusätzlich auch Hauptzutaten wie Mandeln oder Rosinen – ebenfall alphabetisch geordnet und halbfett gedruckt – vor den entsprechenden Rezepten.

IMPRESSUM

Auf der Umschlag-Vorderseite sehen Sie den Seelenzopf (Seite 8), Krapfen (Seite 38) und im Bild hinten Osterbrot (Seite 8).

Redaktion: Claudia Bruckmann-Bräunig
Layout: Ludwig Kaiser
Typographie: Robert Gigler
Herstellung: Jürgen Bischoff
Fotos: Odette Teubner, Kerstin Mosny
Umschlaggestaltung: Heinz Kraxenberger
Satz: Computersatz Wirth, Regensburg
Litho: Longo, Bozen
Druck: Appl, Wemding
Bindung: Sellier, Freising
ISBN 3-7742-1516-2

Auflage 8.
Jahr 1999 98

Bernd Schiansky
ist Hobbybäcker aus Leidenschaft. Der in der Versicherungsbranche tätige Diplomingenieur sieht es – sehr zum Vergnügen seiner beiden Söhne – als seine Aufgabe an, sich um diesen Bereich im Hause Schiansky zu kümmern. Mit viel Kreativität entwickelt der gebürtige Starnberger seit vielen Jahren in seiner Freizeit ausgefallene Rezepte für Waffeln und Crêpes, Kuchen und Torten. Seine gelungensten Schöpfungen stellt er schon seit langem dem GU Verlag zur Verfügung.

Odette Teubner
wurde durch ihren Vater, den international bekannten Food-Fotografen Christian Teubner, ausgebildet. Heute arbeitet sie ausschließlich im Studio für Lebensmittelfotografie Teubner. In ihrer Freizeit ist sie begeisterte Kinderporträtistin – mit dem eigenen Sohn als Modell.

Kerstin Mosny
besuchte eine Fachhochschule für Fotografie in der französischen Schweiz. Danach war sie als Assistentin bei verschiedenen Fotografen, unter anderem bei dem Food-Fotografen Jürgen Tapprich in Zürich tätig. Seit März 1985 arbeitet sie im Fotostudio Teubner.